葡語國家研究論叢　02

Coleções de Estudos sobre os Países de Língua Portuguesa

葡語國家瞭望 中輯
巴西篇
Observatório do Mundo Lusófono

柳嘉信、周平／主編

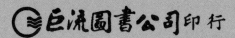
巨流圖書公司印行

Brasil

葡語國家研究論叢 02

葡語國家瞭望（中輯）：
巴西篇

國家圖書館出版品預行編目（CIP）資料

葡語國家瞭望（中輯）：巴西篇 / 柳嘉信, 周
平主編. -- 初版. -- 高雄市：巨流圖書股份
有限公司, 2022.12
　　面；　　公分. --（葡語國家論叢；2）
ISBN 978-957-732-681-2（平裝）

1.CST:區域研究　2.CST:文集　3.CST:巴西

757.107　　　　　　　　　　　　　111019592

總 顧 問	葉桂平
主　　編	柳嘉信、周　平
責 任 編 輯	李麗娟
封 面 設 計	薛東榮
發 行 人	楊曉華
總 編 輯	蔡國彬
出　　版	巨流圖書股份有限公司
	802019高雄市苓雅區五福一路57號2樓之2
	電話：07-2265267
	傳眞：07-2233073
	e-mail: chuliu@liwen.com.tw
	網址：http://www.liwen.com.tw
編 輯 部	100003臺北市中正區重慶南路一段57號10樓之12
	電話：02-29229075
	傳眞：02-29220464
郵 撥 帳 號	01002323 巨流圖書股份有限公司
	購書專線：07-2265267轉236
法 律 顧 問	林廷隆律師
	電話：02-29658212
出版登記證	局版台業字第1045號

ISBN 978-957-732-681-2（平裝）
初版一刷・2022 年 12 月

定價：300 元

叢書系列
總顧問序

　　澳門城市大學葡語國家研究院自 2017 年起，致力於開展葡語國家區域及國別研究高等研究人才的培養，專注於葡語國家發展與治理、國際關係方面的議題研究。在研究院團隊全體學者齊心協力的辛勤耕耘之下，迄今已經培養了百餘名區域國別研究學科的碩博青年人才，也展現了龐大的葡語國家研究科研能量。

　　為了更好呈現研究院在葡語國家區域及國別研究人才培養的成果積累，在澳門特別行政區政府教育和青年發展局和教育基金的支持下，本人偕同研究院團隊自 2020 年起，充分結合自身在培養葡語國家國別研究之高等人才的獨特優勢，透過師生共作的方式投入更大的研究能量，將葡語國家當前的重點議題的研究成果以《葡語國家研究叢書系列》學術專著形式產出；除了可厚植研究葡語國家國別研究的學術量能，這些學術成果出版更可彌補當前中文語境中對於葡語國家國別研究相關書籍出版相對之不足。本叢書作為研究院從事葡語國家研究高等研究專才培養的階段性學術成果，並以「葡語國家研究叢書系列」定名，期許研究院未來能持續再接再厲，有更多的青年學者能在師長的指導下，產出更多師生的合作研究成果。

　　隨著「區域國別學」成為國家一級學科，國別區域研究受到國內高校重視並紛紛設立相關研究基地、研究院、研究中心，發展勢頭令人矚目。國別區域研究屬於新興的「跨學科」研究領域，通過不同學科的理論和方法論在同一學術平台上進行多學科協同，方能將複雜的域外知識體系清楚梳理，拼出一幅關於相關國家或地區的全貌，更有助於促進與全球各區域之間的「民心相通」。當今世界一流的國別區域研究機構，都是針對某一地區或某個國家的跨學科、綜合性研究平台，其成果涉及

許多學科和領域。澳門城市大學葡語國家研究院作為全球迄今唯一開設葡語國家研究高等學位課程的學術機構，一直嚴格遵循國家憲法和特區基本法規範，秉持「愛國愛澳」的精神，服務對葡語國家研究和交流需求，為推動澳門參與「一帶一路」建設、助力中國與葡語國家交往合作貢獻智力，經過多年來的努力，人才培育和學術成果積累已可見到初步的成果，今日諸君手中這本論著即可做為明證。

　　欣見本「葡語國家研究論叢系列」叢書終得順利出版，期許葡語國家研究作為澳門特區一個特色鮮明的區域國別學學科發展方向的同時，研究院師生能持續在此領域秉持做精做深的為學態度，有更多的特色優質成果產出，為這個系列叢書繼續添柴加薪。

葉桂平

澳門城市大學副校長

葡語國家研究院院長、教授、博士

叢書介紹

（代總主編序）

國別區域研究（Area Studies）源自世界整體化進程中，各國順應對外交往中的現實需求，而對領域外知識的一種常識性探究和知識體系的構建，開拓了知識創新的新天地。這樣的知識探究，涵蓋面涉及自然地理、風土人情、政治文化和宗教信仰等人類生活的大多數領域，是不同民族和文明互動交流的產物。這種通過互動所產生的知識創新研究，能幫助一個國家從封閉走向開放、從局部走向世界。

數百年來，澳門做為中國和全球文化的交融之地，更肩負著東、西方交匯的橋頭堡，與葡語系國家有著特殊而深厚的淵源。基於這樣的歷史淵源，自 1999 年回歸中國以來，澳門便被賦予了肩負著促進中國與葡語國家間關係中的平台功能；除了推動中國和葡語系國家經貿文教等諸多方面的實質關係發展，深化對葡語國家國別研究也成為澳門的一項「顯學」。然而，放眼全球範圍有關葡語國家的學術研究成果，多數仍以葡語、英語或其他外語著述為主，中文著述相對較少，對於廣大華文讀者認識葡語國家形成一定的阻礙，這也成為了催生此套叢書的初衷和濫觴。

在葉桂平副校長兼院長的指導下，澳門城市大學葡語國家研究院充分結合自身在培養葡語國家國別研究之高等人才的獨特優勢，透過師生共作的方式投入更大的研究能量，將葡語國家當前的重點議題的研究成果以「葡語國家研究論叢系列專著」學術叢書形式產出；除了可厚植研究葡語國家國別研究的學術量能，上述學術成果出版更可彌補當前全球華文出版界中對於葡語國家國別研究相關書籍相對不足。同時，本叢書作為研究院從事葡語國家研究高等研究專才培養的首部階段性學術成果，並將此階段的成果以「葡語國家研究論叢系列叢書」定名，期許研

究院未來能持續再接再厲，有更多的青年學者能在師長的指導下，呈現更多師生合作的葡語國家區域及國別學術研究成果。

本叢書名為《葡語國家瞭望》，顧名思義，這套叢書的內容圍繞著葡語國家政法、社經、文教、商貿等多元層面，開展進一步的專題研究。在本人與周平博士、吳玉嫺博士兩位同僚先進的共同帶領下，研究院師生共組團隊合力完成，多位研究院博、碩士生參與了以葡語國家為核心的多種跨學科議題的研究，並將相關成果集結成書。叢書以上、中、下三冊的篇幅，分別針對葡萄牙、巴西、亞非葡語國家等三部分為主軸，共同集結成為一個系列叢書；舉凡國家政法、社經、文教、商貿等方面相關議題，以及相關國家與中國的各方面關係進行研析。青年學者們的功底誠然尚在積蓄階段，但對於新興學科所抱持的研究熱情，卻是讓人感動且興起呵護之情；期盼通過《葡語國家瞭望》的出版問世，不但能讓此研究熱情的火苗能激勵更多年輕人投身相關研究的行列，更有助於發揮並提高本澳學界在葡語國家國別研究的影響力，並對於扮演「中國與葡語國家商貿合作服務平台」角色的澳門，提供更多的學術參考。

在這段成書的漫長過程當中，除了有每篇章共同作者在文字上的辛勤耕耘，同時更有中國社會科學研究院江時學教授、淡江大學國際事務學院卓忠宏教授等先進在學術上給予寶貴諮詢及編審協助，特此致以最高的謝忱。楊茁、呂春賀、郭文靜、曹媛媛、宋熹霞、張昕媛等多位編輯團隊成員在不同階段的付出，以及巨流圖書公司李麗娟經理在成書過程給予各方面的諸多協助，也是本叢書問世之際必須提及和致上感謝的。

柳嘉信
「葡語國家瞭望」叢書總主編
澳門城市大學葡語國家研究院助理教授、博士

目次
contents

Chapter 1

新自由主義的抬頭： 巴西政治經濟生態新動向 及其影響研究

The Rise of Neoliberalism: A Study of New Trends in Brazil's Political and Economic Ecology and Its Influence

葉桂平、楊茁

Kuai Peng Ip, Zhuo Yang

本章提要

　　巴西作為拉美第一大國，其政治經濟發展的新動向一直備受世界關注，透過巴西歷任總統的政治經濟政策，可以看出新自由主義對巴西的影響十分深刻。如今，博索納羅政府在上一任總統試圖擺脫新自由主義對巴西的影響失敗後，再度選擇將新自由主義思想復興，也對當今巴西的外交、經濟等內容產生了一定的影響。本文將闡述巴西新自由主義的歷史發展背景，透過歷史分析如今新自由主義對巴西政治經濟又會產生怎樣的影響，如何正確選擇政治經濟發展的指導思想成為巴西未來前進的關鍵。

關鍵詞：新自由主義、博索納羅、巴西、發展模式

Abstract

　　As the largest country in Latin America, Brazil's new trends in political and economic development have always attracted worldwide attention. Through the political and economic policies of Brazil's previous presidents, it can be seen that neoliberalism has had a profound impact on Brazil. Now, the Bolsonaro government has once again chosen to revive neoliberalism after the previous president failed to get rid of the influence of neoliberalism on Brazil, which has also had a certain impact on Brazil's diplomacy and economy today. Expounding the historical development background of Brazil's neoliberalism, analyzing the impact of neoliberalism on Brazil's political economy through historical analysis, and how to correctly choose the guiding ideology of political and economic development has become the key to Brazil's future progress.

Key Words: Neoliberalism, Jair Messias Bolsonaro, Brazil, Development Model

一、新自由主義在巴西的歷史發展背景

　　巴西作為拉美第一大國，擺脫葡萄牙殖民時期距如今已經將近二百年，但是其現代化道路卻相當坎坷。不得不承認巴西軍人政權執政的二十幾年裡，促成了許多巴西經濟增長的奇蹟，但是也留下了許多矛盾，這些問題交織在一起，導致巴西陷入了更劇烈的經濟波動，1983 年的時候巴西外債已經高達 895 億美元。這些接踵而來的問題使巴西政府開始思考如何將一般性調整向結構性調整才能夠從單純的穩定經濟轉變為在穩定經濟的基礎上而發展經濟（蔡建，2002）。

　　由於二十世紀 80 年代初的國際利率上調變動，以 1985 年美國財政部長提出的「貝克計劃（Baker's Plan）」為代表，西方債權國、國際金融組織統一戰線後採取了強硬的態度，導致拉美國家紛紛陷入債務危機，為了能償還債務利息而不得不進行經濟減緩調整。「貝克計劃」表面上看起來是願意接受債務國用發展經濟來償還債務，並且將會對債務國進行國際貸款援助，但這並不是美國對發展中國家的寬宏大量，而是為了維護自己的金融穩定和經濟利益。所以「貝克計劃」實際上是一種「以退為進」的戰略，這樣能讓債務國家繼續接受貸款的同時，不得不採取新自由主義經濟改革而發展自身經濟。「貝克計劃」要求債務國採取控制需求的政策和結構調整政策，政府必須縮減開支，向自由市場過渡；國際貨幣基金組織要對債務國繼續提供資金支援；通過擴大私人銀行的資金援助來支持債務國的經濟調整。這些要求實際上就是要債務國進行宏觀經濟的調整與改革，顯然已經將新自由主義的核心滲透其中了（王丹，1990）。

　　學術界關於新自由主義（Neoliberalism）的解釋有很多，最初的起源可以追溯到十九世紀末二十世紀初的英國自由黨中的一些「集體主義者」主張建立平等合作的新社會，要求國家建立一種自由發揮的模式。在經濟理論上，新自由主義認為應該堅持邊際主義，將微觀經濟學理論中對於市場的價格問題研究擴大到人和社會的相互作用研究中，否定了

凱恩斯的宏觀經濟學理論（Collier, 2005）。

　　僅僅想通過新自由主義簡單的理論就將巴西的市場自由化改革成功一定是遠遠不夠的，因此就需要一個更為具體的內容來為巴西的經濟改革奠定基礎，那就是「華盛頓共識（Washington Consensus）」。1990 年美國國際經濟研究所召開了一個關於拉美經濟調整的研討會，出席者表示對會議上所提出的十個關於拉美的政策調整已達成一致（李珍，2003）。儘管美國聲稱這是在涉及 1980 年拉美發展政策中，左右兩派思想所達成的最低限度上的共識，不應該被認定為拉美新自由主義的開端（Williamson, 1996），但是「華盛頓共識」仍被拉美公眾輿論認為是吹響了拉美國家新自由主義政策全面推行的號角。通過之前巴西的一些政治經濟政策可以看出不論是科洛爾（Fernando Collor）、佛朗哥（Itamar Franco）還是卡多佐（Fernando Henrique Cardoso），都深深受到了影響，這幾位巴西前總統都是新自由主義在巴西貫徹實施的推動者和實踐者。

　　2003 年左翼勞工黨盧拉（Luiz Inácio Lula da Silva）當選總統後，採取的一系列政策雖然沒有公開強烈反對與新自由主義決裂，但後期的改革政策都逐漸脫離新自由主義的陰影，試圖尋找經濟政策和社會政策匹配與互動的平衡點。外部脆弱性一直是巴西的弱點，也是巴西歷史上多次受到外部經濟、金融危機衝擊的決定因素之一（聶泉，2013），因此盧拉特別注意對巴西的外債數額的管控，其執政期間外債數額明顯減少；換句話說，這也就從某種程度上減少了美國對巴西的經濟操控強度，同時積極與中國、南美等國家進行外交，減少了對歐美市場的依賴，貿易夥伴的多元化發展使得巴西從債務國變成了債權國，成為了國際金融治理體系的新興力量之一。

　　但盧拉政府時期的做法的確也使得政府壓力增大，赤字嚴重，所以羅塞夫（Dilma Vana Rousseff）執政初期仍面臨著財政困局，也成為了盧拉政府留下的小遺憾。羅塞夫仍延續了盧拉的一些政治和經濟政策，但受到國際大環境因素的影響，巴西的國內市場個人消費再度呈明顯下滑趨勢，社會福利政策的延續也為政府再次帶來了高額的債務，2012 年巴西的經濟增長率遠遠低於拉美地區平均水準。實際上，以盧拉和羅塞夫為首的巴西勞工黨領導還是有一定局限性的，因為巴西國內利益集團

眾多，外資在之前總統的領導時期已經滲透到各行各業，這些都一定程度上限制了改革的政策內容，這也是盧拉和羅塞夫從未在官方提及會與新自由主義徹底斷裂的重要原因之一。2016 年，民主運動黨領袖特梅爾（Michel Temer）的過渡政府因腐敗醜聞多次被檢察院起訴（方旭飛，2020），巴西自 2003 年至 2018 年間提出的試圖擺脫新自由主義陰影的一些舉措也宣告失敗。

通過歷任總統的政治舉措，不難看出巴西在政治經濟方面應用新自由主義理論是有一定的歷史和政治基礎的，而在面對著試圖擺脫新自由主義理論的影響過程中也受到了一定的挫折，因此如今巴西政治經濟新動態中新自由主義的抬頭也就並不令人出乎意料了。

二、新自由主義改革在巴西的復興

在國際因素方面，美國再次對巴西產生了深刻的影響，自美國前總統特朗普（Donald John Trump，又譯川普）上台後，對巴西再次開啟了扶持右翼政府的行動，推動了巴西的右轉。2019 年，右翼社會自由黨博索納羅（Jair Bolsonaro）上台，他奉行自由主義主張回歸新自由主義道路，提倡縮小聯邦政府規模、減少公共開支，仇視共產主義，這與強調社會平等、重視民生和社會問題的勞工黨形成鮮明對比，新自由主義改革在巴西的復興最明顯就表現在以下兩個方面：

（一）外交方面的調整

博索納羅的崛起與美國特朗普、英國脫歐等國家極右翼勢力的崛起遙相呼應，在他上任後，沒有首先出訪鄰國阿根廷，而是第一次出訪就選擇了美國，表達出強烈的向美國靠近的意願，博索納羅的美國之行促進了巴美之間的合作，兩國進一步提升雙邊關係，在能源、基礎設施、農業和技術領域開展合作，並為降低關稅和促進投資做出努力，同意重啟雙邊企業界峰會等（江時學，2020）。2019 年博索納羅出席達沃斯論

壇並在開幕式發言中表示，巴西將致力於擴大國際參與、融入世界，一方面，借鑒吸收更好的國際做法，例如經濟合作與發展組織採納並推廣的舉措；另一方面，積極推動世貿組織改革，努力消除貿易中的不正當行為，加強國際貿易的法律保障，站隊意味開始顯露（何露楊，2020）。

博索納羅政府的外交立場較上任政府有了明顯的轉變，也是巴西新自由主義再度抬頭的最明顯的體現。巴西決定推出《移民問題全球契約》，明確反對全球化，更希望將資本掌握在少數人的手中。如果說巴西的親美外交政策還不夠體現，那麼對於南南合作及全球治理的消極態度，更是將博索納羅政府的態度表現的淋漓盡致。巴西歷任政府都懷有實現全球影響力的遠大抱負，儘管實力有限但都願意積極參與塑造全球秩序的傳統外交政策，盡力提升南南合作以及強化多邊主義。而以「政治局外人」為標籤的博索納羅則明確表示對全球化趨勢不感興趣，巴西雖未退出金磚機制，但力求與其保持距離，他認為深化甚至維持與金磚國家的既定外交關係不利於巴美聯盟（Helder do Vale, 2019）。2019 年 2 月，巴西在「特殊和差別待遇」討論會上與阿根廷等拉美國家立場一致，表示要反思「發展議題與特殊差別待遇之間的具體聯繫」（沈陳，2019）。不僅如此，為提振經濟，博索納羅上任後放寬了關於森林開發和保護區活動的規定，拒絕七國集團提供的抗擊亞馬遜雨林大火救助，將火災歸咎於在亞馬遜地區活動的非政府組織，稱此次火災是他們對政府的報復行為，並放棄了 2019 年全球氣候大會主辦權，認為所謂的全球氣候變暖僅僅是危言聳聽，是為政治行為找的藉口。博索納羅的種種行為和言語都表現出他想做一個全球化治理的「局外人」。

如果說巴西當局對域外大國、全球議題尚存有顧忌的話，那麼在地區事務上幾乎算是無所顧忌。自上任以來，博索納羅對地區鄰國和地區事務的態度非常乾脆：消極態度對待南南合作，宣布退出南美國家聯盟，直接叫停與古巴的醫療合作，承認委內瑞拉議會主席、反對派代表瓜伊多為「臨時總統」，附和美國指責古巴、委內瑞拉和尼加拉瓜等等（周志偉，2019）。

在各項國際事務合作上，博索納羅更願意追隨著美國的腳步，允許美國商業衛星從巴西基地發射、退出聯合國《移民問題全球契約》、支

持美國對伊朗進行軍事打擊等（王慧芝，2021）。可以看出這些合作大部分反映的是美國而不是巴西的利益訴求，即使巴西做了這麼明顯親美的舉動，美國仍然對巴西並未表示出相應的回報，但是博索納羅仍然認為即使沒有回應，可以維持與美國的夥伴關係依舊相當重要。

（二）經濟政策的調整

2018 年巴西與美國的雙邊貿易額達 1039 億美元（U.S. Department of State, 2021），美國在巴西的直接投資存量為 709 億美元，巴西在美國的直接投資存量為 398 億美元（Congressional Research Service, 2020）。2019 年巴西大選後還曾表示，美國很快將取代中國成為巴西最重要的貿易合作夥伴（江時學，2020）。實際上不論是在政治、經濟、文化還是外交等領域，美國對巴西的影響都是相當深刻，尤其是一些巴西的精英階層，他們的資金存款、子女的教育乃至日常生活，都與美國有著千絲萬縷的關係，所以當博索納羅上台後，他所領導的政府表現出極度親美的狀態以及新自由主義再度抬頭的趨勢也並沒有讓人覺得意外。

美國和巴西政府 2020 年 10 月雙方簽署了三份協定，以求進一步加深彼此的貿易聯繫，美國許諾將擴大對巴西投資，但也提出了對巴西的一些特殊要求，例如在巴美工商峰會上指出要減少巴西對華貿易依賴等，巴西也一一允諾。如今巴西外資流出的主因是其公共債務的高企和本幣雷亞爾的大幅貶值。巴西的預算赤字已經達到 GDP 的 12%；總債務將升至 GDP 的 94%，所以巴西不得不增加債券的發行和考慮出售一部分國有資產。巴西經濟部長蓋德斯聲稱，將加速資產出售、私有化以償還債務（路虹，2020）。美國這種明顯的新自由主義陷阱也就此顯現，巴西國家民航局近期在聖保羅舉行的機場特許經營權拍賣會，也就揭開了巴西新一輪私有化進程的序幕。博索納羅政府把巴西走出經濟停滯困境的希望寄託於國有資產私有化，他延續了將部分國有資產私有化、吸引私人及海外投資、推動巴西市場化、彌補財政赤字等內容，宣布將於2021 年對九家國有企業進行私有化，其中包括國家郵政公司和巴西電力工程公司等重要大型國企（陳威華，2021）。而國有企業私有化正是巴

西最初開始新自由主義改革的首要動作，同時也是導致巴西後來許多民族企業陷入困境，國家控制經濟的能力減弱，2002 年大選時不得不受美國操控選舉等問題的原因之一，博索納羅政府如今再度放寬對電力行業例如巴西國家電力公司（Eletrobras）、石油行業例如巴西國家石油公司（Petrobras）、天然氣等重要資源的管控，尤其將巴西郵政的私有化作為經濟部的重點推進專案，為巴西創造更多就業機會和收入，也體現出新自由主義滲透在如今巴西經濟政策的方方面面。

儘管博索納羅與特朗普的意識形態領域相當一致，使巴西與美國的關係進入了甜蜜期，但是隨著拜登（Joe Biden）的當選，美國不再奉行特朗普的單邊保護主義，而是轉為實行多邊主義，這也就意味著博索納羅與拜登的政策理念產生了分歧，但顯然與美國對抗並不符合巴西的利益追求，所以美國和巴西在政治經濟的分歧還會繼續深化，但可以預料到的是拜登政府必定會想向巴西施壓，巴西的經濟發展勢必要繼續受到美國的影響。

三、新自由主義在巴西復興的原因

博索納羅政府在政治經濟政策方面都相對上屆政府做了很大調整，調整原因可以分為三大方面，分別是自身意識形態、國內政治經濟現狀以及國際環境的制約。

首先，博索納羅是個明顯的極右翼政客，長期秉持著反左翼的激進思想。卡瓦略（Olavo De Carvalho）曾在美國名校接受新自由主義教育，極力主張銀行私有化、全力推進資本專案自由化，在盧拉時代結束後，他的思想影響了整個巴西的右翼思想進程，並對現任巴西總統博索納羅產生了極大影響，博索納羅內閣的好幾個部長人選，都是經卡瓦略推薦得以任命，因此可以被稱為當之無愧的「國師」。博索納羅就深諳他的「反全球化」思想，強調國家、民族利益至上，反對將國際組織、跨國公司的利益擺在首位，認為氣候變化、第三世界等思想都是為了阻礙西方世界發展的陰謀論，因此，博索納羅個人的主觀意識也成為了巴

西政府政策調整的最根本因素。

第二，巴西的政黨一向對國家政治經濟變革有著深刻影響，早在
2014 年，博索納羅萌生了參選總統的想法，勢要終結左翼在巴西的統
治，其以鮮明的反勞工黨立場及激進右翼主張獲得大批擁躉，2015 年末
已積累了一定的民意基礎（劉婉兒，2018）。博索納羅正是在勞工黨治
理模式失靈，導致經濟衰退及社會動盪背景下勝選的，這也使得親美政
策更容易被接受（王慧芝，2021）。他視勞工黨政府為「盜賊」統治，
因此博索納羅上台後就開始清算勞工黨的遺留政策，以極其右派的做法
處理外交關係，拉美右翼政府以美國為榜樣並向其靠近已成慣例，政治
光譜屬於極右翼的博索納羅本身即標誌著巴美走近，而想要融入美國，
勢必要將新自由主義再度作為發展。

同時，巴西作為新冠疫情拉美地區的重災區，國內的政治經濟狀況
並不樂觀，而對於博索納羅政府來說，典型的新自由主義經濟政策之一
就是減少公共開支和政府支出，這樣能夠將更多的資金運用到軍方。自
上任以來，博索納羅增加了 10%的軍費開支，甚至超過了軍事獨裁最嚴酷
的時期（夏濤、葉堅，2021），因此國內目前的經濟狀況也造成了他選
擇新自由主義復興的更大可能性。

第三，國際環境也對博索納羅政策的選擇造成了一定的影響，而不
得不提的人就是特朗普。兩人的執政理念相當一致，都具有鮮明的民粹
主義色彩，因此博索納羅政府不論是外交政策還是經濟政策都帶有了明
顯的特朗普印記。特朗普上任後相繼退出一些國際組織和國際協定，博
索納羅上任後也是如出一轍，聲稱要將西方的基督教文明從馬克思主義
中解放出來，不再局限在國際組織中，更應該追求國家利益和民族利
益。由此可見，國際環境的影響成了博索納羅政府政策調整的外在因
素。

四、巴西政治經濟生態新動向所帶來的影響

任何國家的政策變動都需要考慮到本國的實際利益，博索納羅政府

選擇的反多邊主義的親美政策，就註定了新自由主義在巴西將會再度抬頭，而拜登的當選給美巴關係帶來的不確定性，博索納羅政府在外交及經濟政策等方面如果依舊固執己見，那麼巴西的政治經濟前景恐怕都並不樂觀。

　　首先，以與博索納羅自身最相關的 2022 年總統選舉來說，公開反對戴口罩、將疫苗「政治化」，他這種不科學且消極的抗疫政策引起了民眾的不滿，多次在國民議會中收到彈劾要求，巴西社會矛盾逐漸顯現，政黨愈發碎片化、極端化，導致總統執政地位愈發不穩固，也引發了各種政治亂象。受到新自由主義思想的影響，博索納羅對醫療、教育等民生問題相對忽視，再加上面對疫情的處理不當，已經大幅喪失民眾支援率。不僅僅是民眾的支援率降低，近日來巴西軍方高層大幅變動，說明軍方與博索納羅之間的關係出現裂痕，軍隊可能也不會像之前那樣支援博索納羅。博索納羅更換部長級官員，是欲通過內閣「大換血」穩固自身地位，也是為 2022 年巴西總統大選布局，可見，博索納羅也已經清楚意識到了自己未來即將面對的競選危機。

　　其次，在巴西的對外交往方面，博索納羅刻意營造的意識形態對立將會給拉美地區一體化造成很大衝擊，在這種局面下，包括中國在內的域外大國與拉美的整體合作將面臨嚴峻挑戰。與此同時，拉美地區在全球化浪潮中有可能「被邊緣化」。同時，巴西的意識形態外交目前在全球到處樹敵，同樣也影響到其出口經濟的發展，博索納羅對左翼執政的阿根廷充滿敵意，將兩國建立多年的雙邊機制擱淺，導致兩國多領域合作嚴重受損。此外，博索納羅對環境政策以及亞馬遜問題的評價也引起多個國家的不滿，與歐盟多國的經貿合作也增加了不確定性。由於博索納羅站隊美國意圖明顯，將巴西駐以色列使館遷至耶路撒冷的言論遭到了阿拉伯國家的強烈抵制，在新自由主義思想的影響下，博索納羅致使巴西陷入嚴重的外交危機。

　　第三，在經濟方面，新自由主義的模式缺陷就是加劇財富集中化程度，無法將社會各階層的經濟利益合理分配（袁東振，2020），導致中間階層貧困化，讓大多數人的錢聚集到少數人的手裡。因此，新自由主義在巴西的脆弱性也就不斷凸顯，巴西的社會貧困本應該因經濟增長而

減少，在歷經幾十年的經濟波動後，巴西在 2000 年後逐漸走出經濟增長低迷的困境，但取而代之的是國有企業私有化、大量依靠外資等方式，這種方式短時間內能夠降低貧困率，但新自由主義以經濟快速增長和提高經濟效益為核心，長期來看這就使許多民族企業陷入困境，也大大削弱了國家控制經濟的能力。大力開放外資引進，還導致了巴西本國的研究開發機構被架空，巴西還是只能夠進行簡單的傳統產業的出口貿易，無法徹底對出口產品進行轉變，也就沒有在實際上提升自己的國際競爭力，因此，巴西經濟才會出現再度下滑，脫貧人口再度返貧的情況。而博索納羅政府並未想從根本上解決問題，反是將新自由主義再度抬頭，即使未來經濟可能會有所復甦，但新自由主義的局限性也不可小覷。

再次，基於文化的視角可以看出，新自由主義在巴西的再度抬頭也會給國家治理現代化帶來一定的挑戰，因為新自由主義更多地強調個人主義，極端的政府領導將會將個人主義演化為極端個人主義，這種不同的群體為了實現自身利益而語出驚人的狀況。博索納羅就曾經提出反對同性婚姻、墮胎等行為，對於種族歧視、宗教、國別等弱勢群體始終保持警惕，還主張毒品合法化，強調維護道德領域和傳統秩序，例如家庭觀念的傳承和自然家庭的再生產（周燕，2019），對土地改革和世俗主義表示支援，他對其他文化形式都視為「異端邪說」，這種由新自由主義異化出的極端主義思想不僅會影響到青少年未來的思想，也會破壞國家治理的軟環境。

最後，2020 年突如其來的新冠肺炎疫情給全世界都帶來了巨大的衝擊，巴西也成為了拉美地區的疫情重災區，自疫情爆發以來，博索納羅實行了「群體免疫」的寬鬆抗疫政策，為此付出的代價就是確診病例和死亡人數與日俱增。由於博索納羅政府再度大力推行私有化，在公共衛生領域削減預算，可以明顯看出，巴西的公共衛生體系已經無力支撐國家抗擊新冠肺炎疫情。新自由主義常年貶低政府的作用，導致政府喪失了迅速應急能力，同時過度誇大私人企業的作用，導致私人企業無法緊急應對當前狀況，迅速生產出醫療必備品，這是致使巴西面對新冠肺炎疫情應對失靈的最主要原因。面對新冠肺炎疫情，原本已經貧困的人群更是雪上加霜，不論是在收入還是在生命健康問題上都難以得到保障，

而將財富聚集的富裕階層僅僅是在疫情爆發之初股價受到一時的打擊，隨後伴隨國家政府的強力資本投入，他們的資產也得以激增。可以看出，在新自由主義的操控下，普通民眾因冠肺炎疫情苦不堪言，而富裕階層仍然像抽水機一樣將所有財富聚集，這時，民眾們收入的差距與生命的距離就畫上了等號。博索納羅如今所提倡的新自由主義這種只看到眼前利益，而不考慮未來成本的理念，這是造成巴西抗疫不力、公共衛生系統敗落、社會階層差距過大等問題的重要制度性原因。

五、結　論

新自由主義經濟改革在巴西推展的近十年，並沒有帶來豐碩的成果，成為解決經濟困境的救命稻草，但也不得不否認對經濟的短暫發展的確有所成效，如今博索納羅政府的選擇再度證明瞭依靠新自由主義想要長遠穩定地促使國家的政治經濟發展是有一定困難的。

巴西新自由主義改革實際上是新自由主義拉美化乃至全球化的一個歷史進程。發達國家開始進行區域整合，將新自由主義理論由「中心」向「邊緣」推廣。巴西也逐漸開始貿易自由化、國有企業轉為私有制、減少關稅和貿易壁壘等改革，這些措施使巴西獲得了外資以及國際援助等內容，但是也意味著巴西在全球化的競爭中被美國牢牢鎖住，無法自由競爭，更大程度上依附了發達國家。

從另一個角度來看，巴西的新自由主義改革，也進一步促成了全球化進程的加快。新自由主義貫徹的以市場為導向就要求了工業生產的必然發展，美國對巴西的資本擴張也為世界市場提供了動力。巴西的新自由主義改革恰逢資本主義進入國際壟斷資本主義時期，所以美國的資本擴張就不僅僅局限於對巴西原料及工作力的侵占，而是更傾向於通過金融資本來控制巴西的經濟發展走向，以便達到維護自己的利益，所以美國也需要巴西進入國際金融體系，以便提升自己在國際社會中的話語權。

在拜登上任前，博索納羅與特朗普的親近對兩國外交的影響顯而易

見，而博索納羅沒有意識到，巴西的新自由主義思想就是建立在全球化的浪潮中，他所提倡的反全球化、單邊主義外交是根本行不通的。隨著拜登的上任，美國開始奉行多邊主義，重視與盟友的關係，博索納羅與拜登在氣候變化、人權等問題上的立場也大相徑庭，因此博索納羅面對拜登政府如此的改變更應該深刻思考自己新自由主義的選擇是否正確。而如今拜登對博索納羅的政策也是如此，因為美國已經意識到不僅僅是自己在影響巴西的經濟改革與發展，在全球化的時代沒有一個國家是孤立的個體，因此巴西的經濟政策發展也會影響到美國的市場，所以如今美國也採取了更加務實靈活的態度，謹慎行事，推動美巴關係的良好發展。

透過巴西從一開始進行新自由主義經濟改革，到後來試圖淡化新自由主義改革痕跡，再到如今博索納羅的上台再度大肆宣揚新自由主義的發展路徑來看，對於發展中國家而言，更重要的是要走獨立發展的道路，僅僅依靠外部力量是不可能獲得經濟的長遠發展的。所以選擇一個合適本國國情的理論以及準備一個長期的政策十分必要，無法結合國情而對理論照搬照抄只會讓國家陷入困境。發展中國家只有走獨立發展的道路才能夠有條不紊地推進經濟改革，注重將市場調節和政府宏觀調控有機結合，慎重對待金融領域的開放與國家經濟安全之間的關係並構建完善的社會保障體系，穩定的社會秩序才是國家經濟發展的定心丸，只有這樣才可能不會與巴西掉入同樣的陷阱。

巴西的政治經濟發展模式已經沒有回頭路可走，避免再度陷入被新自由主義強烈影響的局面是巴西的當務之急，但是隨著博索納羅政府一系列行動，新自由主義思想的抬頭已經產生了一定的影響，未來如果博索納羅仍將繼續固執己見，那麼巴西的發展道路註定不會平坦。

∽ 參考文獻

方旭飛（2020）。巴西左右政黨的分野、變遷和前景。拉丁美洲研究，5，49-68，155，156。

王丹（1990）。從"貝克計劃"到"布雷迪計劃"－美國債務政策的新變化。銀行與企業，4，52-53。

王慧芝（2021）。巴西外交政策右轉的原因及前景。和平與發展，2，99-114。

王慧芝（2021）。拜登上任后，美國－巴西關係向何處去。世界知識，3，58-59。

江時學（2020）。博索納羅執政後巴西外交戰略的新變化。當代世界，9，39-46。

何露楊（2020）。巴西參與全球治理：盧拉和博索納羅政府的比較分析。西南科技大學學報：哲學社會科學版，5，7-16。

李珍（2003）。新自由主義與拉美發展模式。拉丁美洲研究，3，缺頁數 38-40。

沈陳（2019）。巴西外交政策調整下的金磚國家合作。世界知識，21，18-19。

周志偉（2019）。巴西外交政策調整：意識形態化下的選擇尷尬。世界知識，6，53-55。

周燕（2019）。巴西保守主義：新的浪潮還是回歸歷史。世界知識，8，52-53。

夏濤、葉堅（2021）。巴西右翼民粹主義政府與民主政治危機。國外社會科學，8(3)，108-118。

袁東振（2020 年 8 月 27 日）。拉美左翼對新自由主義開展新批判。中國社會科學報，5。http://ex.cssn.cn/zx/bwyc/202008/t20200827_5175021.shtml。

陳威華（2021 年 4 月 12 日）。巴西加速推進私有化進程。經濟參考報，02版。

路虹（2020 年 11 月 2 日）。經濟承壓，巴西壓寶對美經貿合作。國際商報，04版。

劉婉兒（2018）。巴西總統博索納羅。國際研究參考，12，47-51。

蔡建（2002）。從"貝克計劃"到"布雷迪計劃"－美國對 80 年代拉美債務危機的政策演變。常熟高專學報，1，34-39。

聶泉（2013）。盧拉政府時期（2003～2010）的巴西經濟和社會政策初析。拉丁美洲研究，2，24-30。

Collier, S. (2005). *The Spatial Forms and Social Norms of "Actually Existing Neoliberalism": Toward a Substantive Analytics*, International Affairs Working Paper, New York: New School University.

Congressional Research Service (2020). *U.S.-Brazil Trade Relations*, https://crsreports.congress.gov/product/pdf/IF/IF10447/7.

Helder do Vale (2019). *Brazil: From Global Leader to U.S. Follower*, https://fpif.org/brazil-from-global-leader-to-u-s-follower/

U.S. Department of State (2022). *U.S. Relations with Brazil: Bilateral Relations Fact Sheet*, https://www.state.gov/u-s-relations-with-brazil/

Williamson, J. (1996). Lowest Common Denominator or Neoliberal Manifesto? *Challenging the Orthodoxies*, pp.13-22.

Chapter 2

巴西審計制度研究：
以（預防）欺詐與腐敗參考框架為例
Brazilian Auditing System: A Study of the Fraud and Corruption (Prevention) Reference Framework

周平、陳寅洲

Peng Chao, Yinzhou Chen

本章提要

　　巴西是世界第七大經濟體，也是金磚國家之一，更是南美洲最大的發展中國家，巴西的經濟影響力已經覆蓋全球。巴西是司法型審計體制的代表國家之一，其審計機關是審計法院，獨立於行政部門，隸屬於國會，具有高獨立性、高執行力等特點，造就了其審計工作在世界範圍內都處在比較先進的水準。審計的初衷雖然不是應對腐敗，但其性質造就其在反腐工作中的巨大作用，巴西聯邦審計法院在 2017 年頒布的（預防）欺詐與腐敗參考框架，為巴西在反腐敗工作中的政府、企業的自我約束框定了目標和行動方針。本文主要採用文獻綜述的方法，配合採用比較研究法、檔案研究方法等，從巴西（預防）欺詐和腐敗參考框架入手，結合巴西腐敗問題的現狀，從該框架的設計角度，研究該框架的特點、側重，以及該框架如何對應巴西的腐敗問題，結合中國國情和審計發展現狀，得到適合中國借鑒的內容。

關鍵詞：巴西、審計制度、反腐敗、框架、啟示

Abstract

　　Brazil is the seventh largest economy in the world, one of the BRICS countries, and the largest developing country in South America. Brazil's economic influence has covered the whole world. Brazil is one of the representative countries of the judicial auditing system. Its auditing organization is the auditing court. It is independent of the administrative department and is affiliated to the Congress. It has the characteristics of high independence and high execution, which has made its audit work all over the world. At a more advanced level. Although the original intention of the audit was not to deal with corruption, its nature has contributed to its great role in anti-corruption work. The Brazilian Federal Court of Auditors issued a (prevention) fraud and corruption reference framework in 2017, which is the government and enterprise of Brazil in anti-corruption work. The self-restraint frame sets the goal and course of action. This paper mainly uses the methods of literature review, combined with comparative research methods and archival research methods, starting from the Brazilian (prevention) fraud and corruption reference framework, combined with the current situation of Brazilian corruption, from the perspective of the design of the framework, the characteristics of the framework And focus on how the framework corresponds to the corruption problem in Brazil, combined with China's national conditions and the status quo of audit development, to get the content that is suitable for China.

Key Words: Brazil, audit system, anti-corruption, framework, inspiration

一、前　言

　　巴西是金磚國家之一，並且是南美最大的發展中國家，為世界第七大經濟體，國內生產總值達 2.06 萬億美元（2017 年），位居南美洲第一。然而，在經歷經濟高增長之後，巴西卻陷入中等收入陷阱，歷經多次嘗試仍未有所改觀，這與巴西近年來頻繁發生的腐敗問題有密切的關係。巴西貪腐問題與巴西的制度結構、經濟模式有很大關係，巴西聯邦審計法院（以下簡稱 TCU）在 2017 年就預防欺詐和腐敗問題制定了參考框架，對巴西政府、國有企業以及民營企業在預防腐敗問題上的行動做出了明確的規範。巴西具有完善的審計系統，並具有較強的獨立性、高行動力等特點，因此其本次就反腐問題出臺框架有較大的研究意義。通過研究和分析巴西審計體制以及巴西（預防）欺詐和腐敗參考框架，就其設計特色、側重點等內容，得到其特點和優勢，並得到值得中國借鑒的內容。

　　巴西的審計體制為司法型，最高審計機關是巴西聯邦審計法院，巴西聯邦審計法院（Tribunal de Contas da União，以下簡稱 TCU），作為國家最高審計機關，既不屬於政府，也不屬於議會，是一個獨立的、具有司法職能的審計機構。由九名部級審計法官組成的合議庭是該院的最高領導。這九名審計法官均由議會批准，總統任命，實行終身制。TCU是聯邦政府的外部控制機構，協助國民議會監督預算和財政執行，並為改善公共行政做出貢獻，造福於社會，它旨在成為促進有效、道德、高效和負責任的公共行政機關。TCU 負責該國的公共機構和實體在合法性、合理性和效益性方面的會計、財務、預算、業務和財產監督。本文通過研究巴西審計制度，主要針對巴西（預防）欺詐與腐敗參考框架（以下簡稱「該框架」），研究其框架設計中的特點和優勢，目標在於解答以下問題：巴西的審計體制有怎樣的特點，巴西聯邦審計法院出臺的（預防）欺詐與腐敗參考框架的設計有什麼特點，這些特點對應了巴西腐敗問題中的哪些特徵，該框架在巴西預防腐敗中扮演了怎樣的角色，

提供了怎樣的幫助。

　　巴西作為世界第七大經濟體，在南美乃至世界都有廣泛的經濟影響力，但巴西卻陷入重大的腐敗風險中，巴西聯邦審計法院作為司法機構採取行動應對腐敗問題，該框架作為巴西政府和企業預防腐敗的總體方針，不僅有總體設計，還有針對細節方面的建議。中國審計從無到有，經過不斷地發展與完善，已逐步形成了具有自身特點的審計制度，並在反腐建設中發揮著不可替代的作用。但是隨著社會進步和經濟發展，中國審計監督系統也存在著局限性。因此，通過借鑒巴西欺詐與腐敗參考框架的特點與作用，對科學發展中國特色審計制度有著重要的參考意義。

　　其次，中國與巴西是很好的國際夥伴，且中國正推行「一帶一路」倡議，審計制度是政策的一部分，對巴西的審計體制進行分析比較可以幫助中國與巴西的政策溝通，為中國「一帶一路」倡議向巴西乃至南美洲國家延伸提供幫助。

　　本文的研究對象為巴西審計體制，針對巴西（預防）欺詐與腐敗參考框架，研究內容包括該框架出臺的原因、背景，該框架的主要內容、和特點，上述特點所對應的巴西政府和企業的腐敗風險，和針對這些風險的方案，以及由該框架得出的巴西審計體制的特點和優勢，和其中值得中國在反腐工作以及審計發展中值得借鑒的內容。

　　本文的研究主要運用了文獻研究方法、檔案研究方法、比較研究方法等。文獻研究方法本文的主要研究方法，本文使用的中文文獻主要來源於中國知網、中國國家審計局官網、中國國家統計局官網，外文文獻主要來源於 TCU 官網以及相關外文文獻檢索網站。通過文獻研究了解中外學者、專家對巴西腐敗問題的見解，對巴西聯邦審計法院在腐敗問題中的行動、作用的理解，對審計法院出臺的（預防）欺詐與腐敗框架的設計、特點的描述等內容；以及對巴西的審計體制、歷史和現狀等，並針對巴西最高審計機關對於欺詐和腐敗問題的應對機制、框架設計等做細緻的分析。檔案研究方法主要在於研究該框架具體內容，從其設計角度入手，研究其設計特點和優勢，研究其設計中的巴西特色，與巴西政治制度中相對應的內容。運用比較研究方法一是比較該框架與巴西曾經出臺的其他法令如審計法、反腐敗法設計的異同，二是比較中國審計署

的類似反腐敗法案、檔案，分析其中的異同，以及值得中國借鑒的內容。

二、理論基礎與文獻綜述

（一）政府審計的作用以及在反腐敗中的應用

　　政府審計的初衷在於監督國家政策運行的經濟性、效率性、效果性。其作用主要在於：對財務行政起監督作用，並促進財政監督的實施；對財務行政活動符合有關政策、制度規定起保證作用；對財務行政活動的合理性與合法性起保證作用；政府審計有助於提高財務行政的效益。

　　雖然政府審計的初衷不是應對腐敗，但審計的特徵導致審計在反腐敗工作中發揮至關重要的作用。審計具有制約權力的特徵，同時，《審計法》也賦予了審計部門審計檢查權、行政強制權、公告權、處罰權等一系列職權，這些職權為審計部門調查腐敗行為，公示腐敗事實，處罰腐敗人員提供了必要的執行能力，使審計成為應對腐敗問題的重要機制。

1. 有效查處腐敗行為

　　審計機關不同於部門內的自查，其具有獨立於其他國家機關、部門的獨立性，該獨立性保證了審計機關不受內部人員的影響，保證審計品質。審計機關的本職工作即為發現和查處違反經濟法規、會計準則的違法、違規行為，審計機關相對於其他部門更具專業性。同時，審計機關具有處罰權，可以對違法的單位、個人直接採取處罰，避免跨部門工作可能產生的問題。

2. 及時發現腐敗線索

　　審計機關擁有檢查權，擁有直接監督的能力。同時，審計有審計機關的檢查，民眾的舉報等多種檢查方式，為審計機關發現腐敗問題提供幫助。相對於部門自查等其他方式，審計機關可以突擊檢查，以及發掘

多種管道，有助於及時發現腐敗線索。

3. 公開披露腐敗問題

審計結果公告制度規定審計機關向社會公眾公布審計結果，這將有助於社會公眾了解審計過程、審計作用，認識到審計的重要性。以及讓社會公眾了解審計結果，從而發動社會公眾學習審計，參與審計工作，並且由此向有腐敗心理或存在腐敗風險的個人加以警示和督促，向已經參與腐敗的個人施加壓力，敦促他們放棄違法行為，接受法律的制裁以尋求從輕處罰。

4. 提前遏制腐敗

權力會產生腐敗。根據腐敗的三要素，即壓力、機會和合理化（見圖 2-1），壓力即為動機，例如財務困難，金錢誘惑等，這些壓力可能成為犯罪的導火索；機會是發生腐敗的重要因素，即便存在動機，沒有機會腐敗很難發生，機會的存在往往因為監管存在漏洞，管理存在缺陷；合理化多指心理防線，當上述兩個條件都成立，道德成為發生腐敗前的最後防線，當個人找到一些道德上的藉口，腐敗將難以避免。其中打斷機會是防止腐敗最有效的方法，審計是消除腐敗機會，提前遏制腐敗行為最直接有效的手段。一是因為審計能及時發現腐敗風險，通過開展審計和審計調查，查處大量違法違規問題，發現並向紀檢監察、司法機關移送經濟犯罪案件線索，使得違法違規問題及時處理；另一方面，審計過程可以及時發現管理制度層面存在的漏洞和缺陷，進而有針對性地加強制度建設，剷除滋生腐敗現象的土壤，從源頭上預防和打擊各種經濟犯罪。

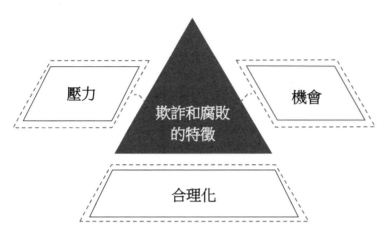

♧ 圖 2-1：腐敗的三要素

資料來源：作者整理，Albrecht, W. S., Wernz, G. W., & Williams, T. L. (1995). *Fraud: Bringing light to the dark side of business.* Irwin Professional Pub.

5. 促使構建反腐倡廉長效機制

審計監督的重要職能之一是針對查出的違法違規問題，著力從體制機制制度層面提出審計建議和意見，促進反腐倡廉建立長效機制的健全，促使政府部門權力得到規範和制約，從而實現紀檢、監察、審計、司法機關的通力合作，使權力運作置於嚴格的監督之下，並在全社會逐步形成易於揭露和有效治理腐敗的長效機制。

（二）巴西聯邦審計法院概況

1. TCU 的組織結構

TCU 的組織結構可分為四個層級，合議（colegiados）、當局（autoridades）、秘書處（secretaria）、外部控制秘書處（secretaria de controle externo）。合議包括常務委員會、第一分庭、第二分庭以及法理委員會。常務委員會由一位部長和三位成員構成，第一分庭和第二分庭都由一位部長和五位成員構成，法理委員會由一位部長和三位成員構成。結構圖如圖 2-2 所示。

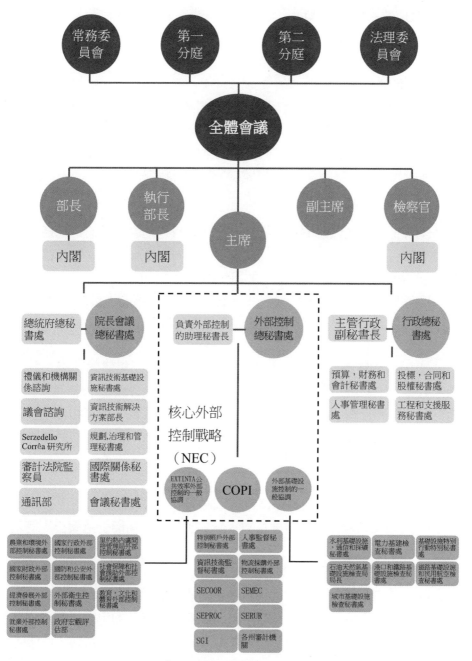

🐾 圖 2-2：TCU 的組織結構圖

資料來源：作者整理，https://portal.tcu.gov.br/home/

TCU 是一個合議機構，其決定由法院全體會議或其中一個分庭作出。法院由九位部長組成，其中六位由國民議會選舉產生，總統從替代部長和檢察機關成員中選出兩名，第九位部長由總統選出，並得到聯邦參議院的批准。

同時 TCU 還包括四位替代部長，他們必須是滿足巴西審計法院部長職位要求的公民，並通過考試和職稱的競選選出，由共和國總統任命。替換部長在取代部長時，享有與部長相同的權利和義務，並應在全體會議和他所代表的會議廳享有審計法院授予他的權利和特權。

2. TCU 的職責

(1)評估共和國總統的年度帳目，上述帳目包括聯邦政府的一般資產負債表和行政部門內部控制系統以及中央機構編制的預算執行報告。TCU 負責對帳目進行技術分析，並將結果提交立法部門。

(2)評估管理員和其他負責公共資金、資產和價值的人員的帳目。

(3)評估人員民事和軍事養恤金的合法性，TCU 平均每年評估 31,500 項特許權。

(4)主動或應國民議會的要求進行檢查和審計。根據聯邦憲法的規定，TCU 對 71 個州進行審計和調查，包括由聯邦公共權力機構建立和維持的基金會和社團。審計的職責旨在獲取會計、財務、預算和公平性的資料，了解機構和實體的組織和運作，從業務績效的角度評估其活動和系統；並評估政府計畫和項目取得的成果。

(5)監督國家所屬公司的帳戶。

(6)監督聯邦區和市政府轉移到聯邦政府的資源的應用。

(7)向國民議會提供有關檢查的資訊，並改進和精簡上述報告，使其更加完善。

(8)對違法和違規行為採取處罰措施。

(9)維持有爭議行為的執行，將決定傳達給眾議院和聯邦參議院。根據聯邦憲法的規定，對於特殊的申請，如補貼和減免的申請，應通過外部控制的監督，並通過每個內部控制系統評估，在 TCU 的協助下行使。

(10)應參議院和眾議院常設聯合委員會的要求，就未經許可發生的費用發表決定性聲明。

(11)確定任何公民、政黨、協會或工會在申請聯邦資源時提出的有關違或違法行為的投訴。

(12)確定各州、聯邦區和市政當局參與基金的係數，並監督向州政府和市政當局提供資源的情況。

（三）巴西聯邦審計法院對反腐敗工作的描述

1. 腐敗行為的特徵

在巴西刑法中，腐敗被分為兩種形式：積極（主動）腐敗和消極（被動）腐敗，通過不正當的手段獲得非法的利益或特權。但在日常生活中，腐敗是一個涵蓋多個方面的總稱。圖 2-3 由聯邦檢察官辦公室編寫，列出了國家法律規定的腐敗行為特徵，包括刑事，民事和行政犯罪。

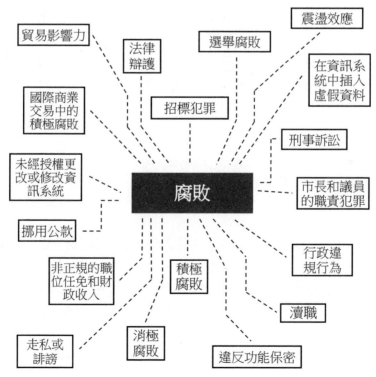

♪ 圖 2-3：腐敗行為的特徵圖

資料來源：TCU 網站，作者整理，https://portal.tcu.gov.br/home/

2.腐敗的防線

框架將腐敗的諸多應對機制如內部控制、內部審計、外部審計、檢查、監察等分為外部和內部，內部防線可分為三個層次，如圖 2-4 所示：

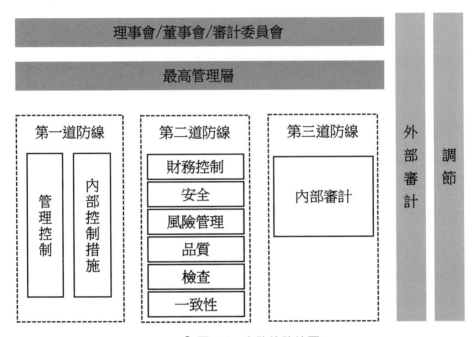

꒰ 圖 2-4：腐敗的防線圖

資料來源：作者整理，Tarjo, A. A., Musyarofah, S., Haryadi, B., Nurhayati, A. F. A. A., & Mulyawan, S. (2020). *Three Lines of Defense: Paradigm Supporting Roles of Internal Audit to Prevent Corruption in Indonesia Regional Government.*

其中，第一道防線由管理人員的運營和內部控制組成。管理人員負責調整不適當的流程和控制措施，他們是部門內事務最直接的管理者，也是最易發現問題的人群。他們有責任保持有效的內部控制。管理者應識別，評估和控制風險，幫助改進內部政策並確保所開展的活動符合預期的目標。

第二道防線包括風險管理單元和職能行使部門。該職能部門的工作在於監督並促進管理人員實施風險管理。它們幫助管理者確定風險承受能力，以及如何披露風險資訊。除了風險管理，合規檢查也包含在這一

防線中，監控不遵守法律法規的行為，控制財務風險以及反欺詐和反腐功能的效果。

由於第一、二道防線都直接由管理者進行，雖然具有一定獨立性，但同時也有較多損害獨立性的因素存在，因此，以上防線容易出現串通舞弊等違法行為，導致防線失效。

第三道防線是內部審計。內部審計的責任是為高級管理層和治理機構提供對內部控制，風險管理和治理有效性的客觀和獨立評估。內部審計具有獨立於相關部門的特性，因此更有助於保證審計效果。

3. 風險管理

風險具有不同的性質（見圖 2-5）。操作風險是可能危及日常活動，法律風險來自立法和規範性變革，資訊技術風險是企業資訊漏洞威脅，股權風險導致有形和無形資產的損失，欺詐和腐敗風險是針對資產或利益的行為。由於風險相互制約、相互影響，因此控制其他風險對降低欺詐與腐敗風險至關重要（圖 2-6）。

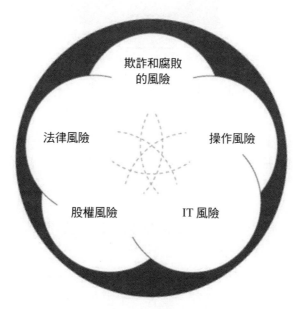

🐚 圖 2-5：五種風險類型圖

資料來源：作者整理，劉新立（2014）。**風險管理**（第二版）。北京大學出版社。

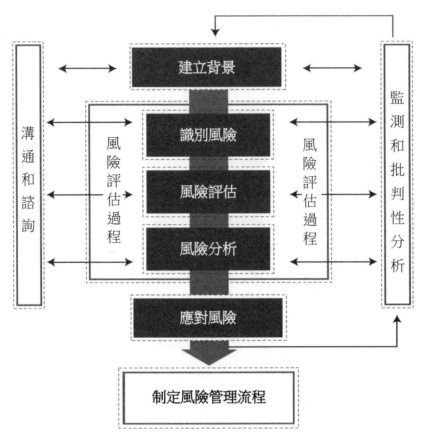

🔗 圖 2-6：風險管理流程圖

資料來源：作者整理，劉新立（2014）。**風險管理**（第二版）。北京大學出版社。

三、該框架的設計綜述

　　欺詐與腐敗參考框架就打擊欺詐和腐敗的機制構建了五個打擊欺詐和腐敗的機制：預防，發現，調查，糾正和監督。每種機制都有一組直接或間接的相關聯的行動方案和控制目標。這些行動方案和控制目標是

其對應的機制的具體活動。但是，該結構並不是固定的，不同機制下的
具體內容相互聯繫，可以相互協作。（圖 2-7）

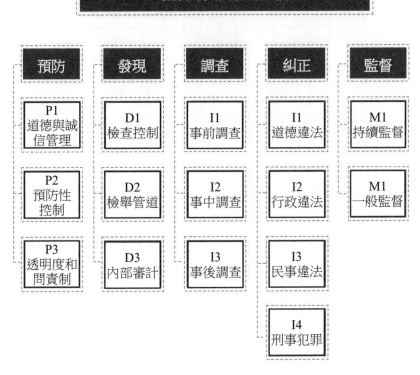

機制即其內容的結構

| 預防 | 發現 | 調查 | 糾正 | 監督 |

P1 道德與誠 信管理	D1 檢查控制	I1 事前調查	I1 道德違法	M1 持續監督
P2 預防性 控制	D2 檢舉管道	I2 事中調查	I2 行政違法	M1 一般監督
P3 透明度和 問責制	D3 內部審計	I3 事後調查	I3 民事違法	
			I4 刑事犯罪	

🔊 圖 2-7：風險管理流程圖

資料來源：作者整理，楊志國（2017）。**風險導向審計方法與案例**（第二版）。中國
財經出版傳媒集團。

（一）預防

預防是該框架的第一個機制。預防是保護公共資源，防止欺詐和腐
敗發生的最有效和最積極的方式。雖然預防並不能完全防止欺詐和腐敗
的發生，但它是減少欺詐和腐敗風險的第一道防線，擁有最佳的成本效
益，減少腐敗的機會（見圖 2-8）。

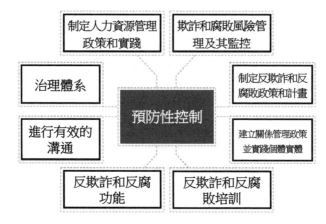

🖋 圖 2-8：預防性控制圖

資料來源：作者自行繪製。陳飛泉（2021）。治理風險與合規：統一治理框架下的風險管理、內部控制和合規管理。中國經濟出版社。

1. 道德與誠信管理

道德和誠信管理是其他管理活動的基礎。道德和誠信雖然是無形的，但道德是在法律之外對人員最有效的約束，可降低人員考慮欺詐與腐敗的可能性，如果省略道德管理或道德管理不完善，將給管理層帶來影響，任何活動都可能引起對其行為的合法性、誠實性和動機的懷疑。由此帶來的問題是，低層人員和管理者可能會懷疑是否值得保持自身的高素質、搞到的水準，從而導致企業陷入欺詐和腐敗的危機。

道德和誠信標準應作為人員選拔，評估和晉升的標準之一。由此，首先員工會感受到該管理團隊對道德管理的重視，其次通過這種方式刺激更多部門參與道德管理，讓員工重視自身的道德水準。

為了便於政府部門和企業進行道德管理，傳播、解釋和應用道德準則和行為準則，設立專門的道德管理部門（以下稱為道德委員會）是必須的。道德委員會可以作為政府部門的諮詢機構，負責分析和決定可能違反道德和行為準則的行為，並確定適當的處罰和監督行動，以促進企業的道德和誠信。道德委員會應與部門內的最高權利機構關聯，以保證其有足夠執行力。

2.預防性控制

預防仍需要通過控制來實施，通過控制能加大發現腐敗跡象的可能性，或發現已經發生的腐敗，預防性控制通常在發現腐敗跡象時及時予以制止。

欺詐和腐敗的發生與預防控制薄弱之間存在著密切的聯繫。當檢測到欺詐和腐敗時，也可能意味著預防控制存在問題，必須重新評估其針對欺詐和腐敗的預防性控制是否符合預期，並決定是否需要進行任何改進。

職權的分離是預防控制的關鍵內容，互不相容的職權如集中於同一人員將給該人員提供腐敗的機會，從而增加腐敗的風險，政府部門和企業應至少安排足夠的人員以分散這類職權。企業還應考慮實施人員輪換政策，根據職位的特性，確定輪換的頻率。

人力資源管理是預防企業欺詐和腐敗的積極激勵措施，加強人力資源管理的基礎是效率、有效性和透明度原則，加以績效、公平和適用性等客觀標準。

由此，職位管理和職能選擇的過程需要透明化，以便員工和利益相關者了解並參與控制過程。禁止員工利用人事權利安排人事調動，防止損害控制的有效進行。

為增強控制的有效性，應建立知識庫，該知識庫系統的目的是集中所有關於欺詐和腐敗的資訊，以便員工、風險管理人員、高級管理層和內部審計等涉及人員能夠評估欺詐和腐敗的歷史及其趨勢，並在其職權範圍內採取適當措施。

（二）發現

「發現」是第二種機制，也可稱為「檢測」，該機制與第一種機制相互關聯，「預防」需要依賴「檢測」獲得的資訊。預防包括防止欺詐和腐敗發生的控制、流程、培訓和溝通，而檢測側重於在發生或正在發生欺詐或腐敗時及時識別。要對欺詐和腐敗行為產生足夠的威懾的前提是檢測機制都已到位，最終產生預防效果。

1. 檢舉渠道

檢舉是確定欺詐和腐敗的主要機制之一。即使檢測工作非常有效，基於內部控制和資訊的欺詐和腐敗都依然存在，不可能永遠消除欺詐和腐敗的風險。

為便於檢舉，首先需要設計並實施一個渠道，用以報告針對該部門或企業的欺詐和腐敗指控。該渠道的目的是為反欺詐和反腐敗的部門、高層管理者、內部審計和法律辦公室提供資訊，以識別和制止欺詐和腐敗。此外，該渠道還可以作為潛在欺詐者和腐敗者的威懾機制。

由於檢舉分散的特性，並不是每項舉報都意味著已有腐敗發生，也並不是每項舉報都具有價值，因此，每項舉報都需要進行評估。對於舉報的評估應包括一下內容：發生腐敗的客體是什麼（What）；發生腐敗的主體是什麼（Who）；腐敗的原因是什麼（Why）；腐敗行為是什麼及該腐敗如何進行（How）；被貪污腐敗的金額是多少（How much）；該腐敗從何時開始（When）；該腐敗發生在哪個部門或企業（Where）。

2. 內部審計

識別企業中的欺詐和腐敗的主要責任在於負責管理的人員。內部審計協助企業評估政策的有效性和充分性，並打擊欺詐和腐敗，進行欺詐和腐敗的風險管理、內部控制和道德管理，並提出改進建議，其主要功能是評估管理人員實施的內部控制是否足以減輕欺詐和腐敗風險，幫助管理者識別和評估企業面臨的風險。

在進行審計時，內部審計師的職責是發現欺詐和腐敗，包括欺詐和腐敗計畫；找出存在可能導致欺詐和腐敗發生的控制漏洞；旨在確定其他欺詐和腐敗指標的其他測試；評估可能發生的欺詐和腐敗指標，並決定是否需要採取進一步審計程式進行調查；與相關部門聯繫。同時，內部審計還對欺詐和腐敗的內部控制的充分性和合理性進行評估，對於識別證據甚至欺詐和腐敗證據至關重要。另外，政府部門和企業應對內部審計人員進行必要的培訓，以發揮預期的作用。

內部審計還應定期評估管理人員是否持續監督企道德和誠信文化的管理，特別在以下方面：是否即時更新道德和行為守則；溝通，定期有

效地傳播價值；部門、高級管理層、董事會成員、計畫受益人和供應商參與、遵守規則的承諾；道德委員會採取行動的表現；出現道德問題時的處理。

（三）調查

調查是部門或企業自身的行政活動，目的在於發現相關資訊，以澄清欺詐和腐敗的具體事件，與司法員警（民警和聯邦員警）或檢察官進行的調查不同。該機制是一個純粹的調查程式，針對調查的結果並不會採取處罰等措施，具有保密的特徵，僅針對事件的事實，並不包括對當事人進行處罰，或當事人有申訴等行為。

1. 事前調查

由於無論在何種完善的監督和控制下，欺詐與腐敗的風險不可能完全消失，政府和企業必須始終考慮存在正在發生或將要發生的欺詐與腐敗。

因此，調查機制不能根據已經發生的腐敗制定，該機制必須在腐敗發生之前就制定完善的機制，在需要啟動時便可隨時啟動。事前調查的主要措施是起草應對欺詐和腐敗的計畫。

該計畫包括建立和維護回應計畫，以便隨時應對檢測到欺詐和腐敗。該計畫的存在對於確保有效地應對欺詐和腐敗可能性非常重要。由於欺詐和腐敗存在諸多種類，因此本計畫並不針對特定的欺詐與腐敗，而是幫助政府和企業管理其響應機制，最小化風險並最大化成功的可能性。

2. 事中調查

事中調查是到現場核實欺詐和腐敗的情況、識別責任人、確定損失和通過調查收集證據。雖然事中調查的一般目標是確定欺詐或腐敗是否已經發生以及確定責任人，但也包括其他目標，如防止其他損失、確保紀律，行政、民事和刑事訴訟的證據，恢復損失等。

首先確定調查的範圍，根據既定的目標確定調查的深度和範圍、確

定部門或地區、確定是否有限制（時間，法律或操作）、確定要調查的層級、確定是個案還是廣泛事件。然後制定調查的時間表，包括調查開始和結束的時間，每個成員在調查中的角色，除了時間安排，時間表還可以明確調查順序。如果調查的事項出現較大變化，時間表應該時時做出改動。

事中調查在確定結果之前需要保證保密。第一，如果調查的細節被公開，調查可能會受到影響，因為被調查的部門可能不願意承擔後果，支付索賠，從而導致拒不配合調查，而且在沒有最終確定的情況下就曝光嫌疑人將損害被調查人的形象；此外，如果投訴人被揭露，他可能遭到報復。第二，如果調查被公開，嫌疑人得知調查後就可能提前銷毀腐敗證據，因此應防止嫌疑人獲得任何的調查的資訊，在調查期間，可以在被調查人不在崗時進行調查，並加快調查速度。第三，應向相關部門的管理者通知調查，但不向其告知調查的目的和具體內容，由此管理者將會提供可以提供的幫助。收集的資料應由專人保管，並對可以查閱的人規定明確的許可權。

對於書面文件的檢查是事中調查的重要環節。參與此項調查的人員應該有能力識別檔的真偽性，如果懷疑任何檔是虛假的，則應尋求文件專家的幫助。由於原件非常珍貴，原件不應折疊、裁剪，在需要做記錄時應使用影本。在識別檔時調查人員應具備一定專業知識，例如識別虛假簽名，確定簽名和手稿的作者，查找修改和刪除檔，檢測檔元件，比較墨水和紙張等。

對於電子文檔，首先要驗證發行人的數位憑證的有效性。電子文檔的調查通常需要有專業知識的人員識別、恢復、收集、處理和保存資料。如刪除的檔案、暫存檔案、列印檔案列表、訪問網站、創建，修改或訪問的檔資料被複製，損壞或移動、檔案的日期和時間。

調查完成後，需出具結論，並追究責任、處罰以及追回損失。企業必須確保所有級別（包括最高管理層）的人員都應用相同的規則。其中處罰包括紀律處分，暫停職務、解雇、警告；行政行為，通過對犯罪者採取行動，以收回所遭受的損失，例如罰款、取消公職資格，宣布無權競標或與公共行政部門簽訂合同；訴訟，對於造成較大損害的犯罪者，

政府部門或企業應將案件提交司法部門。

3. 事後調查

事後調查的目的在於將發現的欺詐與腐敗整理歸檔，並讓其他人應以為戒。另外，事後調查應審查內部控制，包括收集的證據和最終審計結論，審查企業中欺詐和腐敗的政策、戰略、計畫、管理和風險控制。這些資訊擴大並提高了組織能力，有助於防止和發現新的欺詐和腐敗現象。

4. 糾正

如果在實施預防和檢測的情況下，一旦發生欺詐和腐敗，則必須採取糾正措施。每種類型的欺詐和腐敗都需要適當的程式，有時同樣的欺詐或腐敗行為需要不只一個程式，因為應用處罰和減輕損害賠償需要單獨的程式。糾正程式通常由具有相關許可權的機構，根據腐敗的性質分為四個類別。糾正機制可用作增強部門和企業內反欺詐和腐敗意識，作為一種威懾力量，表明管理者對欺詐和腐敗會採取紀律措施，證明對道德和誠信文化以及反欺詐和反腐敗的承諾。

(1)行政違法

行政違法包含違反管理職位或就業的法律以及組織內部規定的所有違法行為。一旦違紀行為被確認，即需通過紀律行政程式，實施以下處罰：警告、停職、解雇、從委員會撤職、駁回委託職能。

為提高處罰的效率，部分違法處理可以採用簡要程式，簡要程式具有以下特點：所需的時間減少，僅收集必要的證據，而不展開廣泛的調查。建立簡易程式的意圖是加快對違法行為的調查，適用的違法行為只涉及檔證據，所以進展得更快。

(2)民事違法

民事犯罪承擔的責任主要是賠償。重要的是要注意，對於部分不合理的行為、沒有明確的責任人的該種情況下，整個部門或企業即該事項的責任人，必須全力賠償所遭受的損害，由於疏忽造成損害也包括在內。

(3)刑事犯罪

道德，行政或民事違法行為也可能在刑事犯罪領域產生影響，雖然刑事犯罪由司法機關處理，但審計機關也可以在其中發揮作用。有時，一些刑事犯罪可能被法院判處無刑事責任，但這並不表示沒有行政、民事和道德犯罪。

公務員對公共行政部門犯下的主要罪行中，有以下較為突出：貪污，包括挪用財產或其他動產，挪用公共或私人資產；職務便利，員工利用職務便利獲取不正當好處；被動腐敗，由於控制薄弱或漏洞接受不正當好處；瀆職，員工為了滿足個人利益而擔任官職；私拉贊助，利用職權地位獲取私人贊助；違反保密條款。

（四）監督

1.持續監督

在整個監督的執行過程中，管理者需要通過觀察並對內部控制做出合適的調整。如果該管理者有權重新調整，他應立即進行調整，如果沒有許可權，應立即將問題提交給有權處理的人，將可能被欺詐和腐敗者利用的內部控制漏洞很快修正。

監督的各項指標可分配給多為管理人員，他們負責對相應的監控指標進行即時監控，以支持最高管理層的決策。

監督的內容包括：道德和行為守則是否為最新；價值觀和原則是否經常宣傳；部門、高級管理層、董事會成員、計畫受益人和供應商都及時和定期進行培訓；道德委員會確定了道德偏差和完整性的案例，並配有適用的處罰措施。

2.一般監督

由於部門或企業的外部環境、組織的目標、可用的技術、部門和團隊、供應商等各種因素隨著時間而變化，因此針對其變革需要定期監控反腐敗和反欺詐框架。一般監測包括對每種機制的效率和有效性進行重新評估，並加強、減輕或消除。

一般監測不會與持續監測相混淆。通過持續監控，管理人員可以提

前識別和解決違規行為。一般監測是定期的重新評估，作為當前政策和反欺詐和腐敗計畫績效評估的標準。

一般監測的頻率應由部門及企業決定，考慮其觀察到的變化速度以及發現可識別的欺詐和腐敗案例。

四、該框架中得出的巴西審計制度的優勢和特點

（一）法律地位高，獨立性強

巴西審計法院既不隸屬於國會，也不隸屬於政府和最高法院，最大限度的保障了審計法院的獨立性。憲法明確了審計法院大法官獨立性，審計法院大法官分別由國會和總統任命，且終身任職是巴西審計法院任免的最大特色；《聯邦審計法院組織法》保障了審計法院的組織獨立、人事獨立和經費獨立。在法律授權範圍內，聯邦審計法院可自行決定內部機構設置和人員選聘，其經費預算不由財政部或政府財政辦公室審批，而直接由國會按照法律規定程式批准；審計法院獨立履行職責，自行公開結果。在法律授權範圍內，巴西審計法院可自行決定審計內容、審計方式，獨立開展司法審判。除有關國家機密的內容不得公開外，巴西審計法院的審計結果和司法裁決均可自行公開。

在巴西公共部門審計準則列明針對獨立性的原則，包括審計法院必須遵守獨立原則開展工作；審計法院應設法促進、保護和維持適當和有效的憲法、法律和監管框架，以支持其履行職能；審計法院應保持其成員的獨立性，包括正常行使其職能所必需的法律保障；審計法院有權訪問其職責所需的所有資訊，並保證其不受限制；審計法院應利用其權利和義務獨立報告其工作，自由決定其報告披露的內容和時間。

（二）注重預防階段

巴西審計制度注重預防階段，預防作為該框架的第一條機制，並作為反欺詐與反腐敗最有效的機制。

巴西審計法院對反腐敗機制進行了成本效益分析，應避免產生不必要的成本或造成官僚體制。巴西審計法院在確保欺詐和腐敗的控制可行性的同時，控制應該使用盡可能短的時間和成本內向公民提供結果。

根據成本效益分析，預防性控制更具成本效益，因此預防被該框架定位為第一個機制，它避免了過度支出後又不得不實施昂貴的糾正措施。

另外，由於部分欺詐與腐敗的性質導致其在發生後再進行糾正將不符合成本效益的原則，因為不利的成本效益比，可能導致不實施具體的控制，在這些情況下，預防機制就極為重要。

（三）注重道德和誠信管理

根據欺詐與腐敗的三個要素，道德管理被認為是「合理化」的最後一道防線，道德問題往往又是腐敗的起點，因此道德既是發生腐敗的原因，也是發生腐敗前的最後一道防線。該防線即所謂的心理防線，人員的素質越高，心裡防線就越不易被突破，心理防線雖然也受到利益誘惑等因素的影響，但這道防線相對是獨立的，受外部因素的影響較小，因此建立高效的道德管理非常重要，而巴西審計法院將其作為審計體制的重要環節。

五、結語：巴西審計制度對中國的啟示

（一）審計機關的獨立性越強，在反腐敗審計中越能發揮作用

巴西屬於司法型審計體制，隸屬於國會，該類型的審計體制賦予巴西審計法院極高的獨立性，其可以及時公布審計結果，並具有一定的司法權，可以對責任人進行職權內的處罰，而無須移交司法機關。中國審計體制為行政型，隸屬於國家行政部門，接受國務院的領導。

在司法型審計體制下，審計機關的獨立性高於行政型審計體制，中國應加強審計機關的獨立性，可以進一步增加審計法院的權利，或加強

審計署與檢察院、法院之間的協作，提高辦事效率。由於審計署在發現腐敗後需移交司法機關處理，對處罰意見僅能提供建議，巴西審計法院可以自行對除了國家保密的內容外的所有審計結果公告，中國審計法中對審計公告僅用了「可以」的字眼，缺乏剛性約束，為提高公眾知情權，應建立相關制度。

（二）司法權加強審計機關的執行力

巴西司法型審計體制賦予巴西審計法院司法權，使巴西審計法院具有極強的執行力。雖然中國的審計法中也規定，被審計單位不得拒絕國家審計機關的審計，但中國審計機關沒有司法權，因此在執行方面仍然存在一定困難，因此賦予審計機關一定的司法權有助於提升審計機關的執行力。

（三）建立審計框架，在框架下協調各部門合作

巴西審計法院的反欺詐與反腐敗框架是國家層面的大框架，其不止涵蓋審計法院自身的行動，其實際是涵蓋了整個國家各部門的行動綱領。中國龐大的行政體制和審計活動「雙軌制」降低了審計活動的效率，財政資金在撥付和使用中嚴重流失，政策也由於資訊的多次傳達而失真。審計工作的執行者雖然是審計機關，但審計需要多方的配合和協調，因此，建立一個統一的大框架將對多部門的協調工作提供了幫助，避免審計機關「雖然查出問題，但卻無力糾正」的問題。

中國目前沒有成文的審計框架，也沒有該方面的相關草稿，需要出臺指南性質的框架，從範圍、目標、證據、方法、標準、報告等交叉領域詳細列示和說明，完善整個審計體系。

（四）建立資訊化審計

巴西的資訊化審計具有一定特色，巴西審計法院早在 1998 年便開始利用商業智慧化審計系統（SINTESE），主要是通過資料搜索系統，建

立標準化的資料集中儲存機制，通過搜索工具，分析資料，提高審計過程效率和決策能力。巴西的電子政務發展迅速，全部實現資訊自動化程式，通過綜合服務網，民眾可以獲得各類政務資訊和審計公告，政府每一筆開支都在 24 小時內在政府網站公示。中國審計機關可以借鑒巴西資訊化審計的經驗，充分發揮互聯網平臺的作用，應用電腦軟體提高經濟效益，縮短審計時間，有利於完善審計的事前、事中、事後監督，設立公開管道，接受公眾監督和舉報。

⚲ 參考文獻

王小晶（2016）。國家審計推進反腐倡廉建設的基本思路與保障策略。審計與
　　理財，4，20-23。

王亞南（2015）。盧拉主義評析。未出版碩士論文，河北師範大學，石家莊。

王淑雲（2016）。反腐背景下央行經濟責任審計職能創新與實施框架。審計與
　　理財，9，19-20。

王惠珍（2013）。國家審計品質影響因素分析。合作經濟與科技，22，100-
　　101。

王琬琪（2016）。巴西外貿現狀及中巴貿易發展。現代經濟資訊，21，136-
　　137。

卡門・阿帕雷西達・費若、馬科斯・托斯特斯・拉莫尼卡、趙麗紅（2013）。
　　製造業對巴西經濟發展的重要性。拉丁美洲研究，2，68-78。

佚文（2018）。美國及巴西規範公務人員行為。人才資源開發，3，59。

吳國平、王飛（2015）。淺析巴西崛起及其國際戰略選擇。拉丁美洲研究，1，
　　23-32。

李維維（2011）。"金磚四國"審計公告制度的比較研究。未出版碩士論文，
　　河南大學，開封。

孟冬冬（2015）。體制層面上國家審計與腐敗治理的關聯性思考。決策探索，
　　16，14-15。

尚紅敏、宋傳聯（2016）。論目前我國反腐審計的問題與對策。淮北師範大學
　　學報（哲學社會科學版），5，27-31。

林穎（2017）。政府審計在反腐敗中的作用分析與政策建議。財訊，35，172。

門韶娟、李娟娟（2016）。政府審計體制的國際比較。商業會計，19，70-71。

孫岩峰（2018）。拉美反腐：為何越反越腐？。世界知識，9，52-54。

常欅瀚（2012）。職務犯罪原因分析及其預防措施探討。大觀週刊，3，48。

張川、婁祝坤、甘甜（2013）。政府審計效能對審計工作成果的影響研究－來
　　自中國省級審計機關的經驗證據。會計與經濟研究，3，57-64。

郭超（2017）。新預算法下財政監督研究。未出版碩士論文，山東財經大學，
　　濟南。

陳飛泉（2021）。治理風險與合規：統一治理框架下的風險管理、內部控制和
合規管理。中國經濟出版社。

斯萍君（2015）。內部審計與企業風險管理關係探討。知識經濟，7，110。

賀雙榮（2017）。巴西與金磚國家合作機制：戰略考量、成果評估及可能的政
策調整。當代世界，8，26-29。

黃力（2014）。規避"中等收入陷阱"的國際比較及其對中國的啟示。未出版
碩士論文，湘潭大學，湘潭。

黃琪軒（2013）。巴西"經濟奇蹟"為何中斷。國家行政學院學報，1，115-
120。

楊志国（2017）。風險導向審計方法與案例（第二版）。中國財經出版傳媒集
團。

楊佳樂（2014）。新時期反腐問題中審計功能的實證分析。中國鄉鎮企業會
計，2，141-145。

劉亮（2013）。探討國家審計機關在企業審計專案中整合社會審計資源的可行
性。財經界，35，1。

劉新立（2014）。風險管理（第二版）。北京大學出版社。

審計署審計科研所（2018）。法國、義大利、巴西國家審計體制研究－司法型
審計體制國家研究。中國審計研究報告（2018）。北京：中國時代經濟出
版社。

聶智琪（2013）。憲制選擇與巴西民主的鞏固。開放時代，5，173-182。

Albrecht, W. S., Wernz, G. W., & Williams, T. L. (1995). *Fraud: Bringing light to the
dark side of business*. Irwin Professional Pub.

André Feliciano Lino (2017). *The diversity of the Brazilian regional Audit Courts on
government auditing*.

Belo Horizonte (2015). *NORMAS BRASILEIRAS DE AUDITORIA DO SETOR
PÚBLICO (NBASP)*.

BTI (2016). *Brazil Country Report*. BTI 2016.

Eric Avis etc. (2017). *Do Government Audits Reduce Corruption?*

Gibson Dunn (2018). *Key 2017 developments in Latin American anti-corruption
enforcement*.

Li-da XUE and Jing-yong WANG (2017). The Influence of Democracy and the Rule of Law on National Auditing Quality- Based on Experience Research on 96 Countries. International Conference on Education, *Management and Systems Engineering*, 2, 206-210.

Ligia Maura Costa (2018). Corruption and corporate social responsibility codes of conduct: The case of Petrobras and the oil and gas sector in Brazil. *Rule of law and anti-corruption center journal*, 6 (1). https://doi.org/10.5339/rolacc.2018.6

no combate à corrupção (2016). *Revista do TCU*, (135), 12-13.

OECD (2018). *OECD Strategic Approach to COMBATING CORRUPTION AND PROMOTING INTEGRITY*.

Rafael Jardim Cavalcante (2016). *O papel dos tribunais de contas*

Reddy, Y. R. K. (2016). State-Owned Enterprises and Corruption: An International Perspective. *Seven Pillars Institute*, (5), 57-61.

Rodrigo Hildebrand etc. (2018). *SAS® Fraud Framework and MCMC in Government Estimation of Improper Payments of Social Benefits*. Paper 2573-2018 TCU.

Shin Jae Kim (2017). *Key Anti-Corruption Issues in Brazil. ACI's 7th Brazil Summit on Anti-corruption*.

Tarjo, A. A., Musyarofah, S., Haryadi, B., Nurhayati, A. F. A. A., & Mulyawan, S. (2020). *Three Lines of Defense: Paradigm Supporting Roles of Internal Audit to Prevent Corruption in Indonesia Regional Government*.

TCU (1992). Federative Republic of Brazil Organic Law of the Brazilian Court of Audit.

Chapter 3

腐敗案對巴西石油業轉型的影響

Corruption Case and its Impact on the Transformation of Oil Industry in Brazil

周平、黃建霖

Peng Chao, Jianlin Huang

本章提要

　　巴西作為世界第七大經濟體，同時，也是能源大國，其石油消費量和出口量都居世界前列，巴西國家石油公司其資產總值和淨值都排名世界前十。然而，巴西石油業在經歷這麼多年的發展之後，不管是石油貿易、技術創新和內部管理，還是在石油行業的整體發展上都存在一定問題，而在石油腐敗案付出水面之後，無論是石油公司還是巴西政府的腐敗問題都存在已久。因此，唯有做出調整才能讓巴西石油業走的更遠。本文以巴西石油腐敗案為時間節點，探討在石油腐敗案前後石油業轉型所發生的變化，通過研究巴西石油業轉型中採用的措施和實施效果，對比腐敗案前後巴西石油公司如何解決自身的問題、加強對腐敗風險的監管，使巴西石油公司重回正軌。

關鍵詞：巴西、石油業轉型、貪腐、能源大國、石油貿易

Abstract

　　Brazil is the seventh largest economy in the world and one of the BRICS countries. At the same time, Brazil is also a major energy country. Its oil consumption and export volume are among the highest in the world. Among them, Petrobras has entered its asset value or net value in the ranks of the world's ten largest oil companies. However, after so many years of development, the Brazilian oil industry has certain problems in terms of oil trade, technological innovation and internal management, as well as the overall development of the oil industry. After the oil corruption case has paid for, the oil company and the Brazilian government's corruption problem has existed for a long time. Therefore, only adjustments can make the Brazilian oil industry go further. This paper takes the Brazilian oil corruption case as a time node to explore the changes in the petroleum industry transformation before and after the oil corruption case. By studying the measures and implementation effects adopted in the transformation of the Brazilian oil industry, how to solve the problems of Petrobras before and after the corruption case. Strengthen the supervision of corruption risks and bring Brazilian oil companies back on track.

Key Words: Brazil, Oil transformation, Corruption, Major energy country, Oil trade

一、前　言

（一）研究背景

上海東華大學（2012）在《中國對巴西石油投資的問題及對策研究》中指出巴西擁有豐富的石油資源，1939 年在東部沿海的巴伊亞州薩爾瓦多市附近打出了巴西第一口油井。雖然石油資源豐富，但由於資金和技術等原因，其石油工業並不成熟，發展顯得很困難，因此，巴西直至上世紀 70 年代都是石油進口國。

從上世紀 60 年代開始，巴西開始籌建陸地石油勘探和興建煉油設施，70 年代受到世界石油危機的影響，巴西對海上石油的勘探和開發加大了力度，而後開始有許多大型的海上油田被發現。80、90 年代巴西對海上石油開採技術加足馬力，石油的產量隨之不斷增加。從此之後，巴西豐富的石油資源被世界公認。

2008 年，巴西的深海石油開始大規模開發，政府為保證其壟斷地位，明確了其對深海鹽下油的所有主控權，並規定巴西石油公司在鹽下石油的權益不低於 30%。壟斷地位說明使巴西石油公司規模迅速擴大，但也使其成為滋生腐敗的溫床。Young & Jeffrey（2015）在《Brazil's State Oil Company Takes Massive Loss From Corruption》提到 2014 年 3 月，巴西石油公司高級管理人員與政府官員相互勾結，收受賄賂，虛抬外包工程報價。此次貪腐案涉案金額超過數十億美元，成為巴西史上最嚴重的貪腐案。貪腐案的爆出使社會對巴西石油公司的信任程度一落千丈，股票暴跌，經濟嚴重虧損。從整體出發，巴西石油業複雜的政治環境和嚴重的腐敗，使其陷入債務危機。此後，巴西一直致力於將巴西帶出石油腐敗的困境，進行了一系列的改革與整頓。

在石油改革的幫助下，巴西在能源開發領域多次獲得重大突破，在探明的石油儲量快速提升後，巴西實現了從原油進口國到出口國的轉變，並且逐漸邁向能源大國。

（二）研究意義

　　巴西石油腐敗案揭露了巴西石油業管理中的問題和缺陷，使得巴西重新審視國家石油發展的模式，通過對石油業的一系列轉型，發現最適合巴西未來發展的模式。本文通過研究巴西石油腐敗案之後巴西石油企業（巴西石油公司）採取的一系列行動，這些行動在巴西產生了深刻的社會效果、不僅促進了巴西石油業的轉型，還對巴西國家石油未來發展產生了深遠的影響。

（三）研究對象及內容

　　本文的研究內容為巴西石油業轉型的起因、措施和結果。政府與商人相勾結的貪腐行為在巴西持續長達 20 餘年，貪腐給國家造成的損失非常嚴重，石油公司因為貪腐案被曝光後導致股票下跌、股民索賠以及迎來的司法懲罰都使得巴西石油業進入冰冷期。本文探討巴西如何通過轉型使本國石油業走出腐敗陰影，並研究該轉型給巴西的石油產業、貿易、經濟等因素帶來的轉變，並結合巴西石油業轉型的經驗探索對中國石油業改革轉型的借鑒意義。

　　1995 年，巴西政府進行石油體制改革，為了強化政府管理部門的建設，石油公司對石油勘探開發的壟斷權被取消，與此同時對私營資本和國外的石油公司逐漸放開勘探開發的業務。在此之前，巴西石油公司在巴西一直是獨家壟斷巴西石油的勘探、開發、生產、運輸和企業的經營管理，還參與石油相關政策的制定和執行。王威（2007）在《巴西油氣管理體制及其對我國的啟示》中提到：1997 年，巴西政府頒布第 9478 號法令，對石油管理採取政企分開的方案，在巴西礦業能源部增加開設巴西國家石油管理局，巴西石油政策的相關制定與行業的監督管理都由巴西國家石油管理局負責，其中忽略了對人才的監督管理。巴西石油公司依照市場經濟規律進行企業自主經營，自負盈虧。

1. 石油腐敗案在轉型中扮演的角色

巴西石油公司腐敗案是巴西石油轉型的導火索。石油公司腐敗案從

起初的僅認為是企業內個別高管的獨立行為，到多名高管間的串通作案，直至背後多名政府官員牽涉其中，最終甚至前任總統亦牽涉其中。該腐敗案讓巴西石油公司連年高速增長的神話破滅。於此同時，巴西石油公司內部監管混亂，高管與官員勾結獲取利益等種種問題浮出水面，也讓原先沉浸在幻想中的巴西石油業意識到，若其自身再不因應國際石油業的變化而轉型，必將無法跟上世界石油業發展的腳步。

2014 年 3 月，巴西司法機關開始對巴西石油公司腐敗案的調查。巴西當地媒體僅僅是懷疑巴西石油公司的某些高管存在監守自盜的嫌疑，據說某些高管在外包工程時與承包商暗中往來金錢輸送，抬高工程報價以謀取巨額賄賂，於是著手調查。在此之後，巴西的司法機關啟動名為「洗車行動」的調查，終於調查得知很多政治家向巴西石油公司推薦承包商並從中收受金錢。

此次反腐敗調查可能阻礙巴西石油啟動私有化進程。巴西的右翼政府曾啟動了 20 年來最大規模的私有化計劃，旨在將巴西石油公司在內的 50 多個國家控股企業通過併購或出讓控股權等方式進行私有化。

（四）研究方法

文章的主題分為三大部分：第一部分主要是巴西石油行業的相關背景以及巴西石油貪腐案件的介紹，在本部分主要對巴西石油十年間的進出口產量和年產量進行量化比較分析；第二部分主要探討巴西石油腐敗的原因探析，然後對存在問題的原因進行較為深入的剖析；第三部分在第二部分的基礎上對巴西石油業轉型做出解釋；第四部分是全文的總結，在概括前文的基礎上，對中國在新時代中如何更好地進行能源貿易提出一些簡單地看法和建議。

本文在研究方法上堅持以辨證、發展的眼光看待問題、分析問題、解決問題。具體採用了以下研究方法：

文獻分析法。通過對近幾年來中巴石油貿易投資方面地著作和論文進行梳理、判讀和分析，瞭解中巴石油貿易投資的現狀，同時得到進一步研究的基本資料。

　　比較分析。對中國與巴西石油的貿易量在不同的歷史時期有什麼不同的變化，通過圖示、資料進行量化比較分析，直觀地顯示中國與巴西在不同的歷史時期貿易量。

　　定量分析。使用定量分析中的趨勢分析法來分析巴西石油貿易的增長與遞減，通過對其資料進行縱向對比，觀察其變化趨勢。

　　案例分析。研究巴西石油貪腐案的案例，分析事件發生的前因後果以及解決方案。

二、相關理論及文獻綜述

（一）理論研究綜述

1. 產業轉型理論

　　產業轉型，不同於所謂的升級或改革，其在經濟角度包含兩種維度，一是類型的轉變，二是動力的轉換。同時，產業轉型升級中的「轉型」又包含橫向和縱向兩個方向，即產業內部的變革、升級，以及關聯產業之間的演進。縱向產業內部的改革主要包含技術升級，以提高生產效率，將以往的不計消耗、產出品質低、產出數量少的粗放型發展，轉變為注重產出效益比、追求更高效的運用原材料的集約型發展。產業之間的演進會隨著經濟的發展，農業、工業和服務業就如同他們的名稱次序一樣，逐次占據經濟發展的主要比重。

　　產業轉型升級的本質是結合經濟增長、環境要求和技術改進等方式來替代以往落後的發展方式，將產業目前的發展方式轉換為符合時代要求的發展方式。過去發展方式在一定時期給企業帶來過非常可觀的回報，但是繼續用跟不上時代的方式來發展，而不注意環境的保護，終將威脅人類自身的安全。所以產業轉型升級亦是對人類未來發展的保證，是保護環境以及人類可持續發展的方法；這同時也順應經濟發展規律和符合環境生態要求。

　　產業轉型包括產品升級、結構整頓等，但即為「轉型」其需要產業

進行的根本性的改變，產業轉型的主要方向是組織和結構的轉型、技術和產品結構的轉型、生產方式與生產業態的轉型以及技術含量的轉型。目的在於實現高效化、高度化的目標，重新整理和優化企業內部經營結構以及外部企業之間的存在關係，實現整體促進的高效聚合。

2. 石油業轉型理論

王志浩（2011）在《中國－巴西能源合作：現狀、問題及解決途徑研究》中詳細介紹了巴西石油工業的發展歷史以及巴西石油工業目前的情況，其中包含早期石油勘探開發現狀、石油煉製情況和石油供應情況，同時還特別關注到巴西政府對石油工業的重視。林娜（2011）在《巴西石油規制改革對中國石油產業的啟示》中介紹了巴西石油業的壟斷情況，在巴西石油業壟斷的情況下有些人主張打破壟斷，讓石油公司徹底實現私有化，而有些人則堅決不同意，在此情況下石油體制改革最終占了上風。羅佐縣（2016）在《石油公司轉型的和而不同》中談到經過數年低油價和能源結構變化的「浸禮」，石油公司轉型發展趨勢和框架逐步浮出水面。在路徑和戰略實施的時間節點上雖不同步，但其實發展的根本方向並無差別。大型石油公司的轉型在某種很大的程度上來說，是代表了整個行業的發展方向的。總的來說，經濟效益是企業轉型的核心，綠色低碳是其前進的方向，而技術進步便是企業前進的動力了。

林益楷（2018）在《石油企業推進數位化轉型趨勢分析及建議》提到石油和天然氣行業在關鍵運營領域的數位化方面進行了大量投資。然而，在實施廣泛的集成數位技術以推動工作流程自動化方面，該行業落後於其他行業。在這樣一個競爭激烈且成本有限的環境中，石油和天然氣公司必須克服這種限制。從價格的波動到供應的減少，需求的變化，監管的增加以及日益增長的環境問題，石油和天然氣公司面臨著一系列的挑戰，因為它們正在努力推動向前發展，同時保護其業務免受未來市場的不確定性影響。除此之外，還有不斷縮小的人才庫和維持老化基礎設施運行的潛在風險，同時還在尋求非常規鑽井活動（例如從頁岩中獲取天然氣）並適應石油和天然氣技術的突破。這是一個複雜的能源環

境，石油氣公司需要新的方案以獲得準確的、最新的資訊，來應對在當今不斷變化的能源環境中生存和發展所需的財務紀律、運營方法和應對風險的手段。

三、轉型前巴西石油行業存在的問題

（一）內部勾結嚴重，對腐敗監管不利

巴西石油業的很多問題是早已存在的，但是一直沒有人想要對此做出改變，直到石油腐敗案發生，民眾對此群情激昂，政府不得不強硬做出應對措施，所以後來許多高級官員陸續被調查以及革職，石油公司也決意重新整頓公司內部的管理，高級管理員不得單一進行招標等規定。由此可以得出，雖然巴西石油業自身存在問題已久，但石油腐敗案的發生是一個導火線，使其看清須進行改革的必要性。

巴西的石油開採招標標準模糊，高級管理層中一個人也可以負責一次招標，沒有相互監督和權力制衡，導致招標過程對方企業只要賄賂高級管理層就能拿到相關招標內部資訊。巴西石油公司的監督部門也沒有盡到職能義務，對負責招標的人員監管不嚴，招標資訊保存不夠嚴緊。

（二）壟斷石油行業的石油公司管理欠缺

1. 石油行業經營管理不善

1953 年，巴西政府為統籌本國的石油開發、行銷等業務活動，設立巴西國家石油公司。當時的國家石油公司不僅進行石油勘測、開採、提煉和生產等業務，還擁有代表聯邦政府對國內石油工業進行管理、參與制定執行石油政策的權利，是一家十分典型的壟斷石油企業。

為了將石油行業的企業和政府分離，巴西石油公司自 1997 年起開始執行巴西政府頒布的《石油法》，巴西政府還成立了單獨的政策制定、政策監管的機構，試圖將巴西石油放在跟私人企業與國外企業平等競爭的位置上。這在本質上來說，是對石油公司的發展起到正向作用的，但

僅僅是政策監管，卻忽略了監督執行這些政策的人員，無論是低級別的員工還是高級管理層，都沒有一個完善的相互監督機制。在巴西政府頒布《石油法》之後，巴西石油公司便進行了體制改革，制定了十年戰略方案，確定兩個十年內的發展目標。巴西石油關注的始終是經營的效益化，沒有重視企業內部管理，導致石油公司逐漸開始腐敗，間接使石油公司沒有辦法大步往前邁進。

2. 技術研發擱置

近些年來，巴西政府聯合巴西石油公司針對本國東南部海域一帶進行勘探，並逐漸發現了好幾個石油儲量巨大的油田。目前已知的就是巴西石油品質非常好，同時，它的開採技術還相對成熟。這些超深海油田的開發並不是那麼容易，有很多技術難題需要攻克，但巴西對這些油田的需求使得巴西將本國的重要科研力量運用於此，其實力不容小覷。張建（2013）在《巴西超深水域沸騰》中指出巴西國內開採的石油 80%是通過海上油田開發而來的，通過這麼多年的發展，巴西石油公司無論是在普通深海石油還是在更高難度的超深海石油的勘探和開發中，已經具備了世界頂級的水準和經驗。迄今為止，巴西已經掌握 3000 米水深級別的石油勘探和生產技術，巴西還在研發水下機器人技術，利用機器人潛入水下安裝採油設備，於水面上直接將輸油管與運油船舶連接，如此就極大的提高了石油開採效率。

巴西石油採掘技術在不停地提升，但石油提煉技術仍然不足。從巴西原油出口的資料和精煉石油進口的資料可以看出，巴西有大量的原油往其他國家輸出，但精煉石油主要進口美國，究其原因是巴西石油提煉技術還不夠成熟。

（三）石油業受政府約束過大

王威（2007）在《巴西油氣管理體制及其對我國的啟示》中提到 1955 年之前，Petrobras 在國內處於壟斷地位，這樣一家獨大的局面產生了一些問題，政府為了強化其權利，從而決定進行石油體制改革，通過適度的開放私營資本和外國石油公司進入巴西石油業市場，巴西石油公

司逐漸失去完全壟斷的地位，石油市場由不同企業來分享。1997 年巴西
政府提出了第 9478 號法令，結束了巴西石油公司既經營石油行業，又管
理石油行業的政府和企業一體的局面。與此同時，巴西政府增加設立了
巴西國家石油管理局，主管原先石油公司政府職能的部分，進行巴西石
油政策的出臺和行業監管。

Energy Policy（2018）中提到巴西全國能源政策委員會需要直接面
對總統，巴西全國能源政策委員會所做的決策在很大程度上都是總統的
意思。在管理體制這一方面，巴西全國能源政策委員會的工作一是滿足
國內對石油及其產品和天然氣的需求，二是在保證國內需求的情況下對
石油進出口進行管理，制定進出口計劃，以確保國家燃料油儲備系統的
正常無誤地運轉。這也就是說，能源委員會可以進行決策的機率並不
高，在政策等政府性行為面前沒有實際權力，從側面反應了巴西政府對
石油業的干預，代表著巴西石油行業的 Petrobras 石油公司，招標以及進
出口的決策都是聽從政府的意見，這也就是為什麼投資者會賄賂政府官
員以及石油公司的高管來取得較低價格的招標。

巴西石油公司作為國營公司，既具有國有企業的性質，同時還具備
國家機關的性質，它是具有獨立的資產和法人資格。所以就巴西石油公
司履行的職能來說，它是既負責生產經營活動，而且由於其處於壟斷地
位，其經營政策能對石油經濟帶來一定影響，履行一些經濟調節的管理
職能。也因此，公司的董事長和董事會的其他成員是由政府任命的，而
董事會則代表政府對石油公司行使所有權和控制權。決策上，中央政府
集中掌握少量的，但卻是最重要的經濟決策權，也就是發展戰略、增長
速度、經濟政策、重大比例關係等重大決策權掌握在自己的手中。在這
種情況下，則代表巴西石油公司需要徵得政府的同意才能執行很多決
策，沒有辦法完全依照石油公司的需求來經營管理，事事被約束，也就
顯得有些束手束腳，管理上放不開，導致一種管理上的失效。

四、巴西石油業轉型採用的措施及其成果和進展

（一）石油公司的反腐敗管理

1. 強化反腐敗管理的措施

由於受到腐敗問題的衝擊，巴西石油公司首先對企業內部管理進行改革，增加關於反腐敗的制度和處罰，重塑民眾對於企業廉潔高效的信心。

對於 Petrobras 這種國有且具有壟斷地位的石油企業，企業必須加強其與政府間的溝通、合作和監管。Petrobras 與政府間的關係包括：首先，為巴西的經濟、技術、環境、社會、政治和文化的發展做出貢獻，發揮社會影響力，行使其經濟，環境，社會，文化和政治責任的一部分；其次，促進和加強社會和諧，與公共和私人，政府和非政府機構聯繫起來，鼓勵其員工的社會意識和積極的公民身分；再次，並積極與學術界和科學界進行互動；最後，特別關注拒絕任何腐敗和賄賂行為，保持正式的控制程式和打擊任何違法行為，接受並參與政府的檢查和控制。

Petrobras 企業在公共和私營部門的任何層級都嚴厲打擊任何類型的欺詐和腐敗行為。Petrobras 企業的要求是：無論其涉及多大的經濟利益，甚至不涉及經濟利益，都要杜絕並報告任何直接或間接，主動或被動的欺詐或腐敗實例；杜絕一切的收到回扣、賄賂或任何其他不正當的好處、優勢等不正當或非法行為，並且，其對員工中的裙帶關係、利益衝突以及送禮也做出了具體要求。

裙帶關係即為企業中的親屬關係，裙帶關係的存在會出現保護親屬關係而犧牲績效的情況。為了避免裙帶關係，Petrobras 企業要求擁有管理職位的員工，不得提名、任命或雇用直系親屬擔任高級管理職務；同時，Petrobras 企業也發現了交叉任命可能繞過上述親屬迴避措施，因此也對交叉任命做出了規定。

利益衝突，即企業的利益與員工的私人利益產生衝突時，這可能危

及 Petrobras 企業，公司利益和新的行動指南涵蓋的利益，或不正當影響
Petrobras 企業員工的活動表現。Petrobras 對規避這類情況的發生有明確
的規定，甚至有規定表明禁止員工做出與上述情況的行為。

　　雖然送禮是正常的人際交往方式，但是收禮又是產生腐敗的始點。
因此，Petrobras 企業對收禮有明確的限制，包括不得收取除親友以外的
個人或實體的禮物，以及在收取協力廠商關係實體贈送的禮物時需要獲
得上級的允許，如未得到允許應將禮物退還。

2. 強化反腐敗管理的成果和進展

　　巴西石油公司（Petrobras）防止腐敗計劃（Petrobras Corruption
Prevention Program，簡稱 PCPP）採取持續行動，以防止、發現和糾正欺
詐、腐敗和洗錢行為。該計劃專為 Petrobras 的不同利益相關者而設計，
例如：客戶，供應商，投資者，合作夥伴，公共機構，員工和外包服務
提供者。

　　對於不當行為、欺詐或腐敗的案件，Petrobras 的紀律制度根據案件
的嚴重程度規定了諸如警告，暫停或終止雇傭合同等處罰。如果不遵守
道德規範和行為指南，則發出口頭警告。

　　巴西石油公司（Petrobra）調查欺詐、腐敗和洗錢的跡象、事件或指
控，涉及石油公司的勞動力和支持行政措施的資產，流程的改進和紀律
制裁的適用。忠誠於公司的責任是，所有員工在遇到可能描述不當行為
的事實或行為時，都要向報告管道報告，報告管道將提供適當的處理並
將其轉發給公司的調查區域。這些調查是針對發生事件的組織場所獨立
進行的。調查是根據客觀性，保密性和公正性原則，從誠實的假設到獲
得事實的真相。

　　欺詐、腐敗和洗錢風險管理：業務風險管理在公司層面進行，並部
署在組織網站。這些風險目前分為五個不同的組：戰略，運營，業務，
財務和合規。治理、風險和合規辦公室通過合規執行管理部門負責部署
有關欺詐，腐敗和洗錢相關合規風險的政策。審計委員會建議董事會負
責確定公司的風險偏好，並監督業務風險的管理。

　　巴西石油公司雖然經歷了腐敗案的危機，但該公司仍然希望通過改

革完善自身的管理，重塑社會公眾對其的信心。巴西石油公司對欺詐和腐敗採取零容忍措施，實施了一系列有效的反腐行動，以防止問題再次發生，並給出了十條綱領：積極配合調查；做出違規行為的各方將受到懲罰，並接受法庭的一切審判；目前巴西石油公司已經收回了超過 30 億雷亞爾的貪汙款；創建了一條獨立的退出管道；聘請打擊腐敗方面有豐富經驗並得到社會認可的專家；使監督和控制更加嚴格，包括通過嚴格的控制和預防措施來保證運營和財務報表的完整性，可靠性和透明度，以避免任何不當行為。加強控制並已開始實施若干措施，以防止欺詐和腐敗行為。同時同步啟動內部審計，外部審計和政府監管機構的審計，目的是驗證現有控制和行動的充分性和有效性。設立內部委員會來協助高級管理層的決策。所有的決定均受巴西證券交易委員會（Comissao de Valores Mobiliarios，簡稱 CVM）監管；任何一位高管都不再進行單獨招標；每個供應商在與其開展業務前都需要進行全面分析；對所有經理級別的高級管理人員進行誠信檢查；組建一批更具技術性和市場尊重的高層領導。

　　2018 年 12 月 12 日，巴西石油公司新任董事會成員在參加國際反腐敗日的相關活動時，重申了巴西石油公司在對欺詐、腐敗、洗錢或任何不符合道德和誠信的行為採取零容忍的措施，他表示巴西石油公司將努力成為道德和誠信的基準，並將繼續投資於建設合規、合法的企業形象。在 2018 年的企業報告中顯示，有約 1.9 萬人次進行了誠信背景調查，包括高級管理人員在內的 3 萬餘人參加了道德和合規培訓，消除了重大內部缺陷。資料顯示，隨著道德與誠信管理的逐步推進，巴西石油公司的品牌在公眾心中的形象正在恢復（資料來源：https://transparencia.petrobras.com.br/auditoria/relatorios-anuais）（圖 3-1）。2018 年，巴西石油公司連續第二年獲得巴西透明度獎盃，說明其財務透明度的改善進行的非常成功。

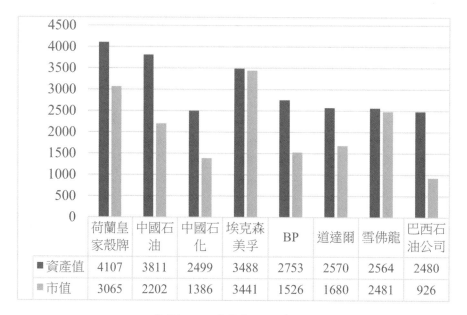

	荷蘭皇家殼牌	中國石油	中國石化	埃克森美孚	BP	道達爾	雪佛龍	巴西石油公司
資產值	4107	3811	2499	3488	2753	2570	2564	2480
市值	3065	2202	1386	3441	1526	1680	2481	926

圖 3-1：世界主要石油公司

資料來源：2018 年全球十大石油公司排名，https://www.hydrocarbons-technology.
com/features/worlds-biggest-oil-gas-companies-2018/

（二）配合政府進行技術革新

1. 技術革新的措施

配合政府關於技術革新的要求，巴西石油公司將技術創新和發展作為其支柱。下列技術研發工作已經被作為巴西石油公司 2017-2021 年的長期戰略：致力於保持在深水技術的最前沿；提高在可再生能源方面的技術水準；尋求作為向低碳過度的能源；繼續保持作為巴西最大的綜合能源公司，發掘越來越多的替代能源；尋求石油更高附加值的用途，包括煉油－石化一體化。

為提高石油產量，巴西石油公司致力於石油的勘探與開採，之前石油開採技術不夠，巴西本土具備相當大的石油儲量，但由於技術不夠成熟，開採力度不夠，進而有許多石油未能被開採出來，現在配合政府進行技術革新，在石油的開採上取得一定程度的收穫，巴西近幾年在深海石油的開採上已經逐步取得令人滿意的結果。

2. 技術革新的成果和進展

繼石油腐敗案在巴西發生以後，不論石油公司還是政府方面都採取不少行動，在做完內部調整外，對石油的開採技術也加快研發速度。通過研發海上油田的開採技術，巴西正逐步成為海上油田儲量大國。隨著產量的提升，2014 年後，巴西石油出口呈現較快的增長速度，到 2018 年，石油出口油產量已是 2013 年的兩倍多，這是前所未有的（圖 3-2）。2000 年到 2012 年，巴西石油產量與出口都是一個穩步增長的過程，到 2013 年爆出石油腐敗案之後，巴西石油產量與出口量都出現一個下滑的情況，在 2013 年巴西石油公司與政府皆採取挽救與懲戒措施之後，產量與出口量相比之前，進入快速增長階段。

這些成果在很大程度上都得益於巴西石油公司對技術的高度重視，在此之前技術也在不間斷地研發，但研發的專注度與強度都有所不同。眾所周知，一個公司乃至一個行業，發展的氛圍以及發展的環境有多重要，在一個充滿利益勾結的環境中，無論是管理層還是小職員，大家的所思所想都不會專注於公司的長遠發展上。因此，技術革新的成果得益於巴西石油公司配合政府進行技術革新。

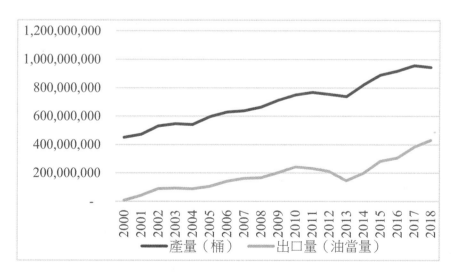

♫ 圖 3-2：巴西石油產量與出口量

資料來源：巴西國家石油局網站，http://www.anp.gov.br/dados-estatisticos

（三）推進產品和市場多元化

1. 推進產品和市場多元化的措施

二十一世紀是全球經濟一體化的世界，市場是在不斷變化的。巴西石油在石油腐敗以及內部體制改革的同時，也必須做出對外部市場相應調整的措施，外部市場的調整需要站在戰略發展的高度上來考慮公司整體的發展，逐步對外部市場進行開發，並開展多元化的專案降低拓展人力設備的投資風險。

2014 年之前，巴西的主要市場是在巴西的周邊國家，比如美國和智利，在此之後，巴西把市場轉向亞洲，實現市場的多元化，避免國際爭端或者市場單一帶來的損害。

在產品上的改變也是越來越關注新能源的發展，跟隨國際上追求環保與節能的潮流，在自身的角度上來說，也可以為世界環境做出自己的貢獻，同時實現能源多樣化與能源替代品。

2. 推進產品和市場多元化的成果和進展

2014 年之後，巴西石油出口的主要出口國家開始由美洲轉向亞洲，如印度、泰國成為其主要石油出口國家之一，尤其自 2015 年之後，中國成為巴西最大的交易夥伴，2017 年，巴西對中國出口原油占其全部原油出口比例的 43%，美國僅占 17%，而十年前的 2008 年，美國占比高達 36%，而中國僅有 11%。（圖 3-3）

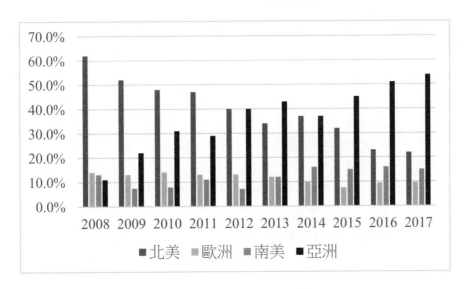

圖 3-3：巴西石油出口地區變化

資料來源：OEC 網站，

https://atlas.media.mit.edu/en/visualize/tree_map/hs92/import/bra/show/2709/2017/

https://atlas.media.mit.edu/en/visualize/tree_map/hs92/export/bra/show/2709/2017/

五、結　語

　　不同於巴西石油管理局的集中管理，中國油氣行業的監督與管理職能既有交叉重疊的部分，也有相互獨立且分散的部分，因為需要在國務院創建一個能夠獨立運轉的綜合管理部門，以保證能源的管理到位。目前由各個石油公司行使的監管職能以及各個綜合管理部門分別實施的職能，由國務院綜合部門以及綜合管理機構承擔，同時也慢慢地整合了以往分散在各部委的管理職能。

　　資源的勘探與開發是當前中國油氣行業的主要監管範圍，中國油行業的監管法令主要依靠《礦產資源法》及相關的法律規定，油氣主管部門的監管也起到了一定的作用。王威（2007）在《巴西油氣管理體制及其對我國的啟示》中《礦產資源法》的構成則更加嚴格，其中涉及了以

下三個規定：一是勘探程式的登記管理規定；二是探礦及採礦權的轉讓管理規定；三是海陸對外合作的管理規定。但實際上，中國油氣行業在部分領域依舊存在監管不足的現象。監管機制已然不能滿足當代市場經濟的發展需求，且慢慢演變成最大的體制約束。

縱觀巴西石油對下游企業的管理現狀，可以看到的是其摸索的管理方式是有一定成效的。現階段，中國石油行業的市場化發展進程遠遠不及市場經濟的發展速度。而這也從側面表明中國石油行業可參考巴西石油所實行的統一化的管理模式，構建防腐監督機制迫在眉睫。

（一）企業優化自身防腐監督

在國內，大部分企業都未確立健全的治理機構，企業制度也存在諸多漏洞，使得企業內部缺乏有效的監督，真空領域滋生了許多違法腐敗的行為。除此之外，國企職務犯罪的相關立法及懲治機制還有待改進，很少有貪汙腐敗的國企職員被判處死刑，即便是有，也是極少數，這在很大程度上助長了國企管理者的腐敗心理，相比巨額利益，這種風險在他們看來毫無威懾力。

首先，建立完善的防腐敗機制，加大監管所有可能誘發腐敗的動機或因素，同時明確權利關係，強化制度建設，立足於腐敗可能產生的風險，比如體質機制風險、思想道德風險、崗位職責風險等，從根本上切斷所有腐敗的動機。與此同時，應建立健全廉潔激勵機制，把廉潔由被動的形勢轉變為主動的，通過名譽、薪酬、福利、地位、資源等方面的激勵，增加廉潔的收益，從思想上降低腐敗的風險。

其次，改革國企的管理制度，明確企業管理者的職責與權力，做到權責透明、政企分離，實現科學化的管理。將國企的治理結構向法人治理結構轉變，做到各司其職，各崗位之間有效制衡，協同運轉，形成各方面完善的管理制度。加大簡政放權的力度，由市場主導企業，由企業自行決定經營方針，自負盈虧。積極構建行之有效的監管機制，對企業各個層面的職責範疇予以明確劃分，確保分工合理，權責分離，既能協同發展，又能不對彼此形成制約。在企業內部實行民主監督的模式，健

全內審機制，在第一時間發現貪汙腐敗的潛在因素；與此同時，還要儘快建設好法律機制，加大懲治處罰的力度，增加違法的成本，以此來威懾部分意圖腐敗的群體。

（二）明確企業和政府的職能，做好本職工作

中國目前的油氣行業的管理是分散的，管理職能不夠集中，行業沒有統一的管理者以及政策的制定者，這也導致了整個行業的發展缺乏綜合性、長遠性。實際上，中國作為世界上首屈一指的能源大國，這種經營模式與其並不相符。政府職能的重複以及交叉管理會使得行業管理的效率低下，以及在管理的過程中會浪費大量的人力物力，不符合經濟效益。然而，更堪憂的是國內石油企業始終將自身定位為行業管理者、政策制定者。政府的工作是制定政策，接著是企業依照政府的政策來執行。儘管該行業有其獨有的監管機制，但即便企業成員可以自覺遵守這種機制，依舊無法降低其被惡意使用的概率。以盈利為目的的企業一旦參與到行業的監管中，以及參與制定行業的政策，即使沒有妨礙到市場的公平性，這也是其他競爭法無法相信以及無法接受的。尤其是在企業利益與國家利益相衝突的時候，企業本著盈利的原則會優先顧及股東及其自身的利益，因此政策的實施效果將會大打折扣。

1. 配合政府監督，做好內部檢查

如今中國對國有企業的監督日漸加強，政府審計直接入駐被審計單位，督查的重點是企業轉型升級、深化重大改革、重大專案建設等方面的工作。督查的主要宗旨是發現、總結和發掘各個地區務實履責、開拓創新、成效顯著的好經驗和好做法，及時糾正一些胡作非為的行為，表現為部署不及時、措施執行也不到位，接著瞭解和掌握工作中的困難和問題，通過正向激勵和逆向問責來形成一個相互競爭發展和主動作為的工作局面。國企更應積極主動地配合政府監管工作，加大對內部檢查的力度，重點關注企業內部的審計，確保審計工作的獨立性，為審計人員提供工作上的便利，防止其與企業進行串通勾結。

2.將業務拓展到新能源產業

如今，科學技術日新月異，新能源的應用已成大勢所趨。由於環境保護等原因傳統化石能源在世界範圍內逐漸不被認可，反而新能源的受眾程度更廣，這得益於它環保的特性。

新能源的開發是正持續進行，且呈現出良好的發展態勢。綠色低碳環保正在慢慢地成為能源消費的新趨勢，樹立起綠色發展的企業品牌形象，才能與偏好低碳綠色的新一代能源消費者更加契合。

基於此，呂建中、畢研濤、余本善、楊虹（2017）在《傳統能源企業轉型和清潔化發展路徑選擇》提到石油企業不僅需要開始致力於技術層面的優化與升級，還需利用多種管道及方式來為產業發展提供源源不斷的動力，以此來提高企業發展的速度及水準。其中涉及的技術有互聯網技術。中國石油企業充分結合「互聯網＋」這一發展戰略，深化與互聯網企業的協同發展，促使央企改革進程不斷加快，油氣行業也能尋求轉型發展的機遇。比如中國石油掌上營業廳、電子加油卡、會員共用以及積分互換等多個領域，均已達成了良好的合作關係。

✎ 參考文獻

上海東華大學（2012）。中國對巴西石油投資的問題及對策研究。北方經貿，
　　12，31-32。

王志浩（2011）。中國－巴西能源合作：現狀、問題及解決途徑研究。北京：
　　國土資源部資訊中心。

王威（2007）。巴西油氣管理體制及其對我國的啟示。北京：國土資源部資訊
　　中心。

呂建中、畢研濤、余本善、楊虹（2017）。傳統能源企業轉型和清潔化發展路
　　徑選擇－以國內外大型石油公司的轉型發展為例。國際石油經濟，25(09)，
　　1-6。

林娜（2011）。巴西石油規制改革對中國石油產業的啟示。國際商務財會，
　　01，58-61。

林益楷（2018）。石油企業推進數位化轉型趨勢分析及建議。國際石油經濟，
　　26(11)，10-19。

張建（2013）。巴西超深水域沸騰。中國石油企業，11，26-27。

羅佐縣（2016）。巴西國油為何端著金碗討飯吃。*ENERGY*，3，30-33。

Energy - Energy Policy (2018). Investigators at University of Warwick Report Findings
　　in Energy Policy (Unconventional trade-offs? National oil companies, foreign
　　investment and oil and gas development in Argentina and Brazil). *Energy Weekly
　　News*, 2018.

Young, Jeffrey (2015). *Brazil's State Oil Company Takes Massive Loss from Corruption*.
　　Voice of America News / FIND, 2015.

Chapter
4

藝文會展與城市可持續發展：
「聖保羅雙年展」的案例探討

Art Event and Urban Sustainable Development: The Case of "Sao Paulo Art Biennial"

柳嘉信、王叢書

Eusebio C. Leou, Congshu Wang

本章提要

城市作爲人類活動的主要場所，只有讓城市走上永續道路，才會有國家乃至全球的可持續發展（永續發展）。藝術與文化在城市可持續發展中長期發揮著關鍵作用，它不僅是城市不可分割的重要組成部分，也是其作為經濟發展中心的活力之基礎。隨著二十一世紀當代藝術的全球化進程，舉辦雙年展已成爲各個國家與城市作為推廣本土文化、樹立文化品牌、提升城市國際形象的普遍選擇。本文以列名世界三大雙年展之一的巴西聖保羅雙年展作爲案例研究對象，在城市可持續發展的大視角之下，探討藝文展會對於城市可持續發展中所扮演之角色，以及對其在後疫情時代的展望。透過質性研究方式，本研究對於城市居民、藝文展會專業人士以及城市發展專家學者等群體，進行半結構深度訪談，從訪談採集之結果進行分析，從經濟、社會、環境三大板塊通過理論進行推理論述，結合相關文獻分析整理，分析聖保羅雙年展的影響力。結果發現，藝文展會的舉辦對於主辦城市的可持續發展具有正向影響，亦可佐證藝術文化活動作爲不可再生資源在全球可持續發展中之作用。

關鍵詞：藝文會展、雙年展、可持續發展（永續發展）、後疫情時代（Post-epidemic era）、聖保羅

Abstract

The city is the main place for human activities, only when cities are sustainable can the country and the world be sustainable. Among them, art and culture play a key role as non-renewable resources. Art is not only an inseparable part of the city, but also the basis for its vitality as a center of economic development. Nowadays, the Biennale has become a popular choice in various countries to promote local culture, establish cultural brands, and play the positive role in promoting national development. The research is based on the case of "Bienal de São Paulo" (Sao Paulo Art Biennial) in Brazil, one of the world's three major biennales. Under the perspective of sustainable urban development, to explore the role of Sao Paulo Art Biennial in urban development and its impact on "sustainable development". Through qualitative research, this study conducted semi-structured in-depth interviews with urban residents, art and culture exhibition professionals, urban development experts and scholars, analyzed the results collected from the interviews, reasoned and discussed from the economic, social and environmental sectors through theory, and analyzed the influence of the Sao Paulo Biennale in combination with the analysis and collation of relevant literature. The results show that the holding of art and cultural exhibitions has a positive impact on the sustainable development of the host city, and can also prove the role of art and cultural activities as non renewable resources in global sustainable development.

Key Words: Art Event, Biennial, Sustainable Development, Post-epidemic era, Sao Paulo

一、引　言

在世界環境與發展委員會（World Commission on Environment and Development（WECD）於 1987 年的一份研究報告《我們共同的未來（*Our Common Future*）》中，「可持續發展」（Sustainable development）被正式定義為「滿足當代人的需求的同時又不危害後代人滿足其需求的一種發展模式」，因其涉及到經濟、社會、文化、技術和自然環境層面，因此被認爲是一個既具綜合性又具動態觀念的概念（WECD, 1987）[1]。「可持續發展」理論得到了全世界不同經濟水準和不同文化背景國家的普遍認同；1996 年聯合國所召開「第二屆人類住區會議（Second United Nations Conference on Human Settlements, HABITAT II）」在此基礎上又提出了「可持續城市（Sustainable Cities）」的概念，是指在一定的社會經濟條件下，在城市生態系統服務不降低的前提下，能夠為其居民提供可持續福利的城市（UN- HABITAT II, 1996）[2]。城市的可持續發展也成為各個國家各個地區的追求，這就要求城市進行合理轉型，但這不是意味著發展停滯，而是發展模式的更新，在選擇城市產業中，會展業嶄露頭角。

會展（Meetings, incentives, conferencing, exhibitions，簡稱 MICE），

---

[1] 該文原標題為「Report of the World Commission on Environment and Development: Our Common Future」，原文摘錄如下："Sustainable development is development that meets the needs of the present without compromising the ability of future generations to meet their own needs. It contains within it two key concepts: the concept of 'needs', in particular the essential needs of the world's poor, to which overriding priority should be given; and the idea of limitations imposed by the state of technology and social organization on the environment's ability to meet present and future needs.

[2] 詳見 Report Of The United Nations Conference On Human Settlements (Habitat Ii), Istanbul, 3-14 June 1996. 檢索自 https://www.un.org/ruleoflaw/wp-content/uploads/2015/ 10/istanbul-declaration.pdf

就是含括會議（Meetings and Conferencing）、獎勵旅遊（Incentives）、展覽（Exhibitions）與活動（Events）的產業 [3]。根據國際會議協會（International Congress & Convention Association, ICCA）資料顯示，全球每年約開銷 2,800 億美元以舉辦約 40 萬場會議及展覽，國際展覽產業協會（UFI）指出：會展產業之年產值已超過 1 兆 1,600 億美元，據ICCA的最新行業報告－《國際協會會議的近代史－更新：1963 年至 2017 年》，從 1963 年到 2013 年，國際協會會議的數量每十年增加一倍。根據資料顯示，這種指數增長趨勢似乎逐漸超越了一個更成熟但仍然穩固的增長模式。由此可見，會展活動的舉辦為各國家帶來了龐大經濟效益的同時，也成為全球各個國家與地區在城市發展方向上的不二選擇。再加之當今社會，經濟全球化的影響，國際貿易商務活動逐漸增多，使國家形象與城市形象的打造成為重點，觀光旅遊葉與會展產業也因此備受重視。會展活動除了能帶來可觀的經濟效益，也反映出其國家與地區的政治、文化和科技的發展水準，同時還代表其在國際上可持續發展的未來性與可能性，因此一個國家的國際化水準與其舉辦的國際性會議之數量、次數有較大的關聯。儘管在疫情年度間，全球會議行業也在充分發揮作用，積極新的社會形態。ICCA於 2021 年發布的排名報告就展示並分析了 2021 年會展行業的適應性與進度。（該報告分析並審查了定於 2021 年舉行的 8000 次會議。）期間現場活動轉換為虛擬或混合活動，從而保持業務連續性。該報告顯示，2021 年在這個行業中展現了一種「表演必須繼續下去」的心態。例如，虛擬和混合會議的市場份額在短短一年內翻了一番。業務繼續增長了 30%，而業務取消從 61%下降到 31%。在所有地區中，中東的經營率最高（77%），其次是拉丁美洲（72%）和亞洲（71%）。在所有地區中，與 2020 年相比，拉丁美洲的業務持續增長最為顯著，增長了 35%。[4]

---

[3] Definition of "MICE", ICCA 國際大會和會議協會，檢索自 https://www.iccaworld.org/aeps/aeitem.cfm?aeid=29（2018-11-8）。

[4] 詳見 ICCA Ranking Report sheds light on industry's adaptability and progress in 2021. 10 June 2022，檢索自 https://www.iccaworld.org/npps/story.cfm?nppage=9499124

在巴西聖保羅有一個國際性的藝術展會－「聖保羅雙年展（Bienal de São Paulo）」。聖保羅雙年展於 1951 年問世，後與威尼斯雙年展（La Biennale di Venezia）、德國卡塞爾文獻展（Kassel Documenta）並稱世界三大藝術展，可以算是巴西最重要的藝術盛事。在 1951 年的第一屆雙年展的介紹中，教育和衛生部長發言稱，聖保羅將會是「將推動巴西進一步發展的城市」，因為它是「巴西現代主義和工業進步的一個的中心」。自成立以來，聖保羅雙年展努力尋求將拉丁美洲與國際藝術圈聯繫起來的方向，目標是做到國際化，雙年展作為傳播和鞏固現代藝術和國際藝術領域的機制，即成爲了聖保羅最好的選擇。

本文立足於可持續發展的大背景下，加以運用會展產業相關理論，首先對巴西聖保羅雙年展本身的可持續發展性進行分析，其次希望能夠分析出聖保羅雙年展對其城市的可持續發展產生哪些正向影響，是否促進城市更好的發展，從城市形象、政治經濟、藝術文化、居民生活以及生態環境去考量；另一方面通過對巴西聖保羅雙年展的深入研究，試圖找出其對舉辦城市聖保羅的正面影響或推動，以更好的論證藝術會展活動在城市甚至國家的發展中所扮演的角色之重要性，希望以此作爲藝術會展活動應用到城市可持續發展中的成功範例，能夠給予其他國家好的經驗可借鑒，也能夠更好的發揮藝術文化作爲不可再生資源在城市發展中的作用。

二、理論基礎與文獻綜述

（一）可持續發展相關理論

隨著人們對環境問題的逐步認識和熱切關注，可持續發展的思想開始 萌芽並在二十世紀 80 年代逐現雛形。而「可持續發展」一詞最早出現於國際自然保護同盟在 1980 年制訂的《世界自然保護大綱》中，聯合國向全世界發出呼籲：「必須研究自然的、社會的、生態的、經濟的以及利用自然 資源過程中的基本關係，以確保全球的可持續發展。」這一

概念源於生態學，指的是對於資源的一種管理戰略。其後被廣泛應用於其他學科範疇，注入了一些新的思想內涵。《增長的極限》（1972）是由米都絲（D. L. Meadows）為首的來自美國、德國、挪威等一批西方科學家組成的「羅馬俱樂部」提出的關於世界趨勢的一篇研究報告。他們提出「零增長」，認為限制增長是最好的解決辦法。朱利安‧L‧西蒙（Julian L. Simon）是被稱為「技術至上者」的一派學者之一，他在 1981 年出版的《沒有極限的增長》中則認為科學的發展和進步能夠提高資源利用的效率，從而解決所謂的極限問題。

二十世紀 6、70 年代以後，生態環境問題日益加劇、能源危機出現，人們逐漸認識到如果在謀求發展的同時，未能把社會、經濟和生態環境結合起來，那麼給地球和人類社會帶來的將是毀滅性的災難。正是由於這種危機感，在 1987 年，以挪威前首相布倫特蘭夫人為首的世界環境與發展委員會（WECD）的成員們受聯合國委託，經過 4 年研究和充分論證提交了報告——《我們共同的未來》，在聯合國大會上正式提出了「可持續發展」的概念和模式。1992 年聯合國環境與發展大會（UNCED）通過的《二十一世紀議程》，更是高度凝聚了當代人們對可持續發展理論認識深化的結晶。

對於「可持續發展」這一觀念，在彭俐俐所著的《二十世紀環境警示錄》（2001）中，認為單純提「可持續發展」是不全面的，認為其只是一種初級發展戰略或一種調控戰略，是一種單純從保持本身來維持的可持續而不是開拓另一發展道路。

因此尋求新文明、新時代要求下的可持續發展戰略不僅是簡單的直線可延續，而是倡議共同努力為地球和人類建造共融、具有適應能力的可持續的將來，更應是對現有生活方式、生產方式的選擇放棄與選擇保留，是在現有文明中探尋更高級的文明，是一種文明革命，是向與自然和諧共處的「綠色文明」的質的轉變。

想要達到如此的「可持續發展」，關鍵在於協調好經濟發展、社會共融及環境保護三個要素。這些因素相互關聯，對地球和全人類的健康發展至為重要。

2015 年 9 月 25 至 27 日，在紐約聯合國總部召開了「聯合國可持續

發展峰會」，會議通過的《改變我們的世界－2030 年可持續發展議程
（Transforming our World: The 2030 Agenda for Sustainable Development）》
中，提出了 17 大目標 [5]，其中「建設具有包容性、安全、有復原力和可
持續的城市和人類住區。」這一目標即再次強調了城市的可持續發展的
重要性，並且對城市提出了新的要求，這一目標是全世界人類的共同美
好願景。可持續發展也為當今世界經濟提供了新概念，可持續發展鼓勵
城市國家和世界不再專注於收入，而是同時關注三個目標：1.經濟繁
榮；2.社會包容；3.環境可持續性。

（二）會展產業基本理論研究

國際會議專家聯盟（MPI）認為會議展覽是由相互聯繫、相互作用、
相互影響的幾個同類服務業產業所衍生出來的一種整合的商業領域，簡
稱 MICE，其中 M 一般指會議（Meetings），泛指一般傳統的企業會議，
I 代表獎勵旅遊（Incentives），C 代表大型企業會議（Conferencing），E
代表活動展覽（Exhibitions）和節事活動（Event）。

其概念內涵是指在一定地域空間，許多人聚集在一起形成的、定期
或不定期、制度或非制度的傳遞和交流資訊的群眾性社會活動，其概念
的外延包括各種類型的博覽會、展銷活動、大中小型會議、文化活動、
節慶活動等。

會展作為一種「無煙產業」，符合城市可持續發展之基本要求。會
展產業被認為是繼金融、貿易後，頗具前景的產業之一，與旅遊、房地
產，並稱為二十一世紀「三大無煙產業」。西方經濟學者稱為「城市的
麵包」，即會展是城市的風景，亦有會展是城市經濟的「助推器」之
說。

Tabie（1997）將會展產業分類劃分為：1.會展服務；2.會場、展場、

---

[5] 資料源於中華人民共和國商務部官方網站，《改變我們的世界－2030 年可持
續發展議程》成果文件文件全文鏈接：https://sustainabledevelopment.un.org/
content/documents/94632030%20Agenda_Revised%20Chinese%20translation.pdf

住宿、飲食；3.交通、運輸；4.觀光、都市環境等四大類。

布勞恩（Braun, 1992）指出會展活動的總體影響要遠遠大於會展活動本身。「和會展相關的每一塊錢花費都會引起更為廣泛的經濟影響，並在區域經濟的其他層面產生附加的經濟效應」，即會展不單單會帶來其直接收益，也會帶來多方面的間接收益，效益之和應當是會展本身效益的兩倍甚至更多。弗爾科納（Faulkner, 2002）重點分析了 1988 年世界博覽會事件對澳大利亞旅遊業的影響，結果表明多數參展人群停留舉辦地，除參展這一行為外亦選擇遊覽當地景點及周邊城鎮，拉動了當地旅遊業發展。韓國曾經有研究（Kim, Chon & Chung, 2003）估算了會展業對韓國經濟的影響，並且分析了會展業產生可觀經濟效益的原因：參展人數多；需在舉辦地停留；參展者，特別是國際會展參展者的消費檔次相對高；參展者在此期間在舉辦地遊覽觀光；會展業的關聯性強，一次會展能夠影響到很多相關產業。

會展旅遊不但為舉辦地帶來巨大的經濟效益，而且有助於提升舉辦地形象和知名度。地方政府都採用各種方式來支援當地會展旅遊的發展。在會展旅遊業全球性迅速發展的同時，會展舉辦地之間的競爭也變得越來越激烈。

（三）雙年展的影響力體現

隨著全球化的不斷深化發展，不同地區和國家聯繫日益緊密，在這樣的進程中，不同的文化意識形態、不同的價值觀通過不斷的資訊交換，在全球範圍內逐漸達成了共識和相互的理解，人們的生活方式及其價值觀念也逐漸趨同。因此文化產業在全球化的帶動下興起，使得文化從表層開始潛移默化紮根於人們內心的價值取向。「藝術年展以其高度的藝術修養和藝術語言的交流方式有著使不同國度的人進行交流的能力。（陳斌，2013）」如羅浮宮的油畫展、戛納的電影節、巴黎的時裝週、維也納的音樂展等等不同藝術形式的展會成為各國國家或城市用以打造城市形象，樹立文化自信以及與國際接軌，進行文化交融的主要方式。

　　雙年展是國際文化工業中的一種經濟策略，一種發展城市的工具。意味著雙年展作爲一種重要的具有跨文化、跨地區優勢的綜合性藝術機製成爲全球眾多城市的普遍選擇，以期望其助推主辦城市的藝術發展及國際形象的藝術機制。不少國家也選擇採用這一種制度化的美術展覽形式，達到反映其當代藝術面貌推動本土文化走向國際的目的。

三、研究設計與研究方法

　　本論文旨在研究會展活動對城市可持續發展的影響力，故筆者首先鎖定巴西聖保羅雙年展作爲個案研究，然後通過文獻閱讀法進行文獻探討獲取本研究所需相關背景知識與理論知識後，著手進行對聖保羅雙年展個案的深入研究。

　　除了主要研究方法：個案研究法，筆者亦採用歷史研究法和半結構性深度訪談以保證對聖保羅雙年展研究的專業性，針對巴西居民、策展人、藝術家／學者共四位對象，進行了半結構性深度訪談，以作爲分析聖保羅雙年展對城市發展所產生的影響之依據；並配合波特鑽石理論模型以及馬斯洛需求理論模型實施有理論依據的推理及論述，藉由城市可持續發展的三大目標以探討在如此背景下，聖保羅雙年展對其產生的影響力體現。

　　因此研究問題的提出則爲：聖保羅雙年展對舉辦城市：聖保羅的可持續發展是否產生正向影響？而在城市可持續發展之三大目標：1.經濟繁榮；2.社會包容；3.環境可持續性的不變量要求下，筆者也按此做出研究假設：

　　假設 H：聖保羅雙年展對城市可持續發展具有正向影響。
　　H1：聖保羅雙年展的競爭力越強，城市的競爭力越強。
　　H2：聖保羅雙年展成功舉辦，提升國家政治影響力。
　　H3：聖保羅雙年展成功舉辦，對城市經濟發展產生正向影響。
　　H4：聖保羅雙年展成功舉辦，對城市社會發展產生正向影響。

H5：聖保羅雙年展成功舉辦，對城市文化發展產生正向影響。

H6：聖保羅雙年展成功舉辦，對城市生態環保產生正向影響。

H7：聖保羅雙年展成功舉辦，對城市形象塑造產生正向影響。

四、研究結果與分析

（一）聖保羅雙年展的競爭力體現

由美國哈佛商學院著名的戰略管理學家邁克爾·波特提出的「鑽石理論模型」，專用於分析一個國家的某種產業為什麼會在國際上有較強的競爭力，由此可推測，一個國家或城市的競爭力與其某種產業的競爭力有極強的正向相關性。因此本研究選擇這一理論方法，分析聖保羅雙年展所具有的競爭力，從而以此推論得出結果，證明聖保羅雙年展的競爭力越強，城市的競爭力也相應變強。

波特認為，決定一個國家的某種產業競爭力的有四個因素：分別是生產要素，需求條件，相關產業和支持產業的表現以及產業的戰略、結構、競爭對手的表現；並認為這四個要素具有雙向作用，形成鑽石體系，本研究從這四個要素著手，分析聖保羅雙年展的競爭力。

生產要素：包括人力資源、天然資源、知識資源、資本資源、基礎設施。

首先，聖保羅作為巴西乃至南半球最大的都市，市內人口超過 1,100 萬。據調查顯示，巴西聖保羅 2013 年全城人口包含近郊達 2,050 萬，在世界都會區人口上居第 9 位，南半球第 1 位。2012 年，美國的 SinkTank 公開發表按照產業、人才、文化、政治等物件來綜合的世界都市排名，聖保羅是居世界第 33 位的都市，另有機構更是給予世界第 12 位的超高評價，里約熱內盧的排名則次之。Topia 公司於 2016 年的統計數據顯示：僅聖保羅市的國內生產總值就達到了 4,770 億美元，在全球排名第 24 位。當地還有一所著名的百年大學：聖保羅大學（Universidade de São Paulo），該校創建於 1827 年，距今已有 192 年的歷史，是巴西規模最

大的大學，其聲譽和地位在巴西高校中位居榜首，因此每年都會有上萬的各類專業的高素質人才能夠給聖保羅提供強有力的人力資源。由於聖保羅是多移民城市，相應之下便有了全球化的跨國品牌、製造業企業和商業貿易。

同時，聖保羅也是南美洲最富裕的城市，宛如美國的紐約、法國的巴黎等，是現代化國際大都市，應有盡有，道路四通八達。由於交通的發達與便利，聖保羅同時與紐約及東京並列世界直升機運輸量前三的城市，並且坐擁 70 多座博物館與文化藝術機構。2018 年 11 月，世界城市排名發布，聖保羅進入世界一線城市行列。

因此從生產要素來看，巴西聖保羅具有得天獨厚的優勢，資源豐富，基礎設施完善，給予了聖保羅極強的國際競爭力。

需求條件－主要是本國的需求。

二十一世紀以來，一股全球力量勢不可擋的向前迸發著，這股力量就來自於全球化。這一被世界各國普遍認可為政治與道德雙向正確的國際運動，一時之間全世界各個國家都意識到只有響應全球化的號召才能增加其民族國家的競爭力，踏入現代化國家之林並占據一席之地。90 年代後開始盛行的雙年展便乘著這股國際浪潮，先後成為歐洲與各大新興國家展示其文化力量的重頭大戲，各國紛紛爭取通過舉辦國際性的雙年展以在國際舞臺上發聲，力求藝術與政治的充分對話，因而形成了各國以雙年展等形式的文化外交的全球化現象。

巴西依靠讓人眼前一亮的發展速度在國際舞臺上嶄露頭角，躋身「金磚五國」，而聖保羅作為巴西最重要的城市之一，對響應全球化號召，舉辦雙年展以協助國家展示力量，推動其政治經濟之發展，有著義不容辭的使命。因此雙年展算得上聖保羅乃至整個巴西國重中之重的首要需求。

相關產業和支持產業的表現－這些產業和相關上游產業是否有國際競爭力。

　　鑑於藝術能夠創造經濟、能夠使城市和國家站上國際舞臺的事實，藝術的力量及其重要地位是毋庸置疑的，而雙年展又作爲承載藝術事業的客觀載體，因此政府對雙年展的贊助與支持是非常慷慨的，而政府的支持也是展覽成敗與否的關鍵因素。

　　會展對企業而言是相當重要的一項行銷工具。聖保羅由於教育較爲發達，再加上歷史原因，聖保羅擁有大量來自日本、黎巴嫩和義大利的移民後裔，伴隨著移民而來的，是藝術文化的多民族多樣化，也因此產生其獨特的藝術氛圍。藝術家們處於一個五彩斑斕的國度，其藝術產業的發展情況呈樂觀的狀態，在國際上也別具一格備受矚目。因此聖保羅雙年展不僅得到相關產業的鼎力相助，也得到政府的大力支持，且藝術產業樂觀，具有強勁的國際競爭力。

產業戰略、結構、競爭對手的表現。

　　一直以來聖保羅雙年展都以威尼斯雙年展爲榜樣，承襲其組織模式。展覽已舉辦至 33 屆，從創辦到現在已半個多世紀過去了，一直是拉丁美洲最重要的國際藝術雙年展。其舉辦一直是由雙年展基金會支持的，基金會的資金主要來源於城市、州政府和聯邦政府，以及私營部門。就競爭對手說來説，現如今單單在南美洲地區就有 19 個雙年展與之競爭，其中巴西南方舉辦的南方共同市場雙年展（Mercosul Biennial）算是聖保羅雙年展現今強有力的競爭對象了，其受到當地社團大力支持，越辦越好。自南方共同市場雙年展成立以來，距今已有 21 年，舉辦了 11 屆，再看近 20 年以來，聖保羅雙年展的參展藝術家及其參展作品數量增長情況，反而競爭對手的存在對聖保羅雙年展起了鞭策作用。

（二）聖保羅雙年展促進經濟繁榮

　　2009 年以來，全球化使得各個國家對於大力發展文化產業的情緒愈來愈高漲，聖保羅雙年展舉辦主題也開始重新聚焦於社會與藝術的對話本身，聖保羅雙年展的國際威望回歸。最近的 33 屆聖保羅雙年展，在當

地文化部部長的發言中，他直言提到聖保羅雙年展這類文化和創意產業為收入，就業，包容和幸福的產生做出了巨大貢獻，巴西國內生產總值（GDP）的 2.64%是由其創造的，為 200,000 家公司和機構提供約 100 萬個直接就業機會，以及納稅超過 105 億雷亞爾（巴西現在通用的貨幣），約 185 億人民幣。

（三）聖保羅雙年展的社會價值體現

　　此外，本研究發現，聖保羅雙年展對於社會最大的影響力，來源於其教育意義和感化意義。文化價值的實際價值體現就是給人美感，教化心靈，認識世界。為了讓更多公眾更頻繁更密切地接觸當代國際藝術，作為巴西國家名副其實的藝術教育計畫，擔負著巴西當代藝術與世界舞臺接軌的重要任務的聖保羅雙年展，從很早就開始重視藝術對公眾的普及意義，聖保羅雙年展自 26 屆開始，免費對公眾開放。聖保羅雙年展從它的辦展宗旨到實踐所為，均體現了其文化價值所在。聖保羅雙年展的發展與聖保羅乃至巴西社會的走向都是相輔相成的，其存在的潛在價值正是傳承當代藝術文明，社會的良性發展依賴人類的趨向高級發展。雙年展作爲一個藝術展會，它的主旨在於展現美感以及提供藝術氛圍，當代藝術所展現的符合當代人類對於藝術及社會的領悟和思考，能夠引起當下人群的共鳴與情感認同，因此聖保羅雙年展是人類進步層次需求下的必然產物，它引領人類走向自身需求和渴望的情感體驗中。馬斯洛和其他的行為科學家都認為，一個國家多數人的需要層次結構，是同這個國家的經濟發展水準、科技發展水準、文化和人民受教育的程度直接相關的。因此聖保羅雙年展之所以能夠持續 33 屆，超過百年的歷史，是因其與於社會和人類的發展有著強烈的相關性。聖保羅能成爲一個發達的城市離不開其高水準的經濟與科技水準，更離不開其居民的高層次素質。卡門·莫爾施（Carmen Morsch）和卡特琳·塞弗蘭茲（Catrin Seefranz）的文章，更是將聖保羅雙年展理解為在巴西背景下具有重大影響和社會責任的機構。

　　研究還發現，在疫情（Covid-19）影響下其所傳遞的社會價值也有

了進一步的體現與意義。因疫情推遲了一年的第 34 屆聖保羅雙年展於 2021 年 9 月在聖保羅市最大的伊比拉普艾拉公園開幕，展期三個月，其主題為「雖然艱難，我仍要歌唱（Though It's Dark, Still I Sing!）」，無論從主題名稱到實際展出，都毫無保留地向社會傳遞著雙年展所承載的藝術精神力量。而其舉辦形式也極大程度體現了藝術文化會展這一形式在疫情（Covid-19）環境下的強適應和靈活性，本屆聖保羅雙年展將所展作品滲透到周圍環境中，不受限於具體化的展示，因此第 34 屆雙年展的構想是擴大空間、公開排練，通過與該市 25 家文化機構的合作，並及時展出在雙年展館舉辦集體展覽之前的個人展覽和表演。

（四）聖保羅雙年展的綠色意識

聖保羅雙年展作爲全球極具影響力的藝術盛事之一，其對於綠色環保這一概念之運用也是相當重視的。

在 32 屆聖保羅雙年展中，藝術家 Jorge Menna Barreto 的藝術品，主題為 RESTAURO（恢復），打造了一個餐廳，展示了人類飲食習慣與地球環境、景觀、氣候和生活之間關係的概念。今天，亞馬遜地區 90%的森林砍伐是由於單一種植和畜牧業造成的。而森林對地球上的生命至關重要，因此藝術家 Jorge 希望通過藝術作品，引導觀者意識到我們的消化系統不是從嘴裡開始，而是在我們分享的土地上，以此來倡議保護森林生物多樣性，解決環境危機。

除了環保理念的宣傳，甚至在作品的選擇上，聖保羅雙年展也大力提倡使用環保材料。巴西建築師 Carlos Teixeira 為第 29 屆聖保羅雙年展創造了一個迷宮裝置作品，其材質完全由分層回收紙板製成的。同時其設計的可回收紙板裝置內空間，還可用於舞蹈活動、戲劇和音樂活動等，空間足夠靈活，可以通過多種不同的方式進行安排和重新排列，以便進行整合展覽、會面和各類活動，或者只是提供一個休息場所。如此可生物溶解和低成本的紙板迷宮，是可持續設計的一個很好的例子，可以在雙年展開始之後長期存在，完全符合可持續發展之要求。

（五）半結構深度訪談內容分析

　　本文所做半結構深度訪談之邏輯依照：探討聖保羅雙年展的價值，
肯定聖保羅雙年展的專業性，業界人士願意前往參加，才能使得聖保羅
雙年展能夠繼續舉辦下去，聖保羅雙年展能夠持續舉辦，聖保羅才會選
擇將此展會當作城市的名片，而聖保羅雙年展成為城市名片的同時，聖
保羅也就成了展會的依託。兩者之間的相互影響和關聯性也能夠從另一
面佐證，聖保羅雙年展對其舉辦城市的可持續發展具有正向影響力。

　　在訪談中，四位訪談對象都對聖保羅雙年展的專業性及存在意義表
示了肯定。身爲巴西人的 Giorgio Sinedino 就説道：聖保羅雙年展的重要
性是不言而喻的，是巴西最重要的藝術展覽。他表示雙年展在巴西國內
的宣傳力度也相當大；除了聖保羅市的居民，住在較遙遠地區的巴西
人，雖不説家喻戶曉，但是也都有機會了解到。同時他也表明，參展人
數總是相當龐大的，在他看來，其原因之一在於，策展優秀、規模龐
大；其二，對參觀者來説，內容豐富、收穫無窮。用張守為博士的話來
説，「聖保羅雙年展是南美洲很重要的雙年展。因為它發生在南美洲這
樣一個長期被殖民的地方，所以它本身所具有文化意義是相當巨大
的。」同時，他也表示據他了解，聖保羅雙年展是一個傳統意義上的國
際性雙年展，總是由大牌策展人進行策展，參展藝術家也大多是享譽業
界的。身爲策展人、藝術評論家的沈伯丞博士更是肯定了巴西聖保羅的
價值，他説：巴西聖保羅雙年展是第一個有意識的要去對「西方文化中
心」這一件事情進行顛覆的一個活動或者文化性的發展策略，從這個角
度來講，它本身就已經是一個非常重要的指標了。

　　談論到聖保羅雙年展對其城市發展的影響力何在，訪談對象均表
示，他們認爲像聖保羅雙年展這樣的國際性展會活動，首先能夠帶給當
地巨大的經濟效益，對城市的形象塑造也有極大幫助。用沈伯丞博士的
話來説，聖保羅雙年展是真正意義上第一個以藝術作為政治訴求的雙年
展，它希望建立的是一個拉丁美洲的文化中心，是新興世界的文化中
心，或者藝術中心，它在搶奪的是這個位置。因此聖保羅雙年展在於城
市國家的政治、文化意義不言而喻，如果從經濟上來講，它永遠都是觸

動經濟的。同時 Giorgio Sinedino 先生也表示，如果活動（聖保羅雙年展）辦得好，能成為城市的象徵，這樣辦下去就能產生更多的協同效應。朱貽安女士提到：因為巴西聖保羅雙年展，我們看到了歐美論述以外的藝術世界，我覺得為什麼很多國家尤其不是在大西洋兩岸的主流國家會很愛辦雙年展，某一部分，也是在於說一個話語權掌握，或者是我想要擁有一個自我詮釋權或者是被看見的一個機會。其實聖保羅雙年是非常資深的，它扮演一個蠻重要的角色，它所謂的從周邊包圍中央這樣子的概念，我覺得某一方面來說是尋找到了一個突破口，來讓一個不在藝術論述主流的地方有機會被看見。

通過與幾位訪談對象的深度交流，筆者認為，經由更專業的視角和語言，研究假設之驗證更為有理有據。聖保羅雙年展對城市可持續發展具有正向影響。它本身以藝術作為政治述求的途徑，對提升國家政治影響力有極大的助推力，其次它所帶來的經濟效應、社會及文化效益也是無可厚非的。對城市形象塑造方面，更是精雕細琢、錦上添花。

五、結　論

雙年展作為各個國家與城市推廣本土文化，樹立文化品牌，躋身國際政治、文化舞臺的選擇之一，其所發揮的作用及影響力是強勁而不容漠視的。本研究採用質性研究，通過文獻閱讀法蒐集研究資料，用具體素材與數據證實聖保羅雙年展的經濟、政治、文化效益；再加以運用馬斯洛需求理論與波特鑽石理論，推論聖保羅雙年展其自身所具備的可持續性競爭力，最終配合半結構深度訪談得到會展活動的確對城市乃至國家具有正向影響的有力論證。研究結果顯示，如聖保羅雙年展這般性質的藝術會展活動，能夠帶給舉辦地較大的旅遊收入，為其創造更多就業機會，同時相關產業也得以協同發展，城市經濟遂繁榮發展；另外它也具有強大的文化價值和社會價值，能夠促進社會進步；並且充分發揮其綠色經濟示範作用，對城市的可持續發展存在積極的影響力。

而在後疫情時代，雙年展的重啟對城市經濟復甦與發展所具有的意

義也值得展望：

　　據巴西全國衛生廳委員會（Conass）的數據顯示，巴西新增病例和死亡人數自 2021 年 6 月 20 日以來呈下降趨勢，表明大規模疫苗接種開始奏效。此前，聖保羅雙年展官方已於 2020 年 7 月宣布了展覽延期至 2021 年 9 月 4 日開幕（持續至 2021 年 12 月 5 日）。據策展人雅格波・克里維利・維斯孔蒂（Jacopo Crivelli Visconti）介紹，現在計畫在今年 10 月開放，他在媒體採訪中表露：此次雙年展將有強烈的象徵意義，可以對抗當地「反文化」的立場，更重要的是，幫助治癒疫情之後的創傷。

　　根據全球展覽業協會（The Global Association of the Exhibition Industry, UFI）發布的數據，2020 年受全球疫情影響所造成的展會延期和取消，收入損失達 230 億歐元。同時，全球展覽業協會（UFI）董事總經理兼首席執行官 Kai Hattendorf 在採訪中指出：全球各大展覽的相關數據統計，也能側面說明了展覽業在經濟復蘇中發揮著至關重要的作用，對應市場和場所是推動經濟復蘇的最快捷徑。現在要依靠政策決策者和全球領導者的共同努力，以確保企業組織活動，創造必要的市場和場所，展覽行業才能繼續在未來履行其重要的職責。（《TTG China》13 March, 2020）近期，各地區雙年展正通過數字媒介與實體空間的多維交融去尋找雙年展「再地域化」的可能性。

　　新冠疫情目前仍在全球範圍內多個國家與地區肆虐，全球逐漸在進入「新常態（New Normal）」的後疫情時代，疫情最終將產生怎樣的影響？現在也還無從定論。但在《Events to Shake, or Gently Rattle, the World in 2021》中，作者瑪莎（Masha）認為 2021 年的國際議程表（The international agenda）也反映了人們認為事情最終會恢復正常的積極信念。（Masha Goncharovae, 2020）。

　　藝術的一個重要價值是在絕境裏給予人類看到生的希望，用美好的事物喚醒低谷中沉睡的生命力。正如中國美協主席、中央美術學院院長范迪安所說的那樣，人們對藝術文化精神的需求不會停滯。如果說人類依舊在用藝術來表達和傳遞情感與精神，那麼雙年展只是一種承載人類表達的容器，容器的形式則變得不再那麼重要，重要的仍然是雙年展這類藝文展會本身存在的意義與價值。

✎ 參考文獻

丁曉潔（2010）。文化超人"雙年展"，東方藝術，23，66-69。

中華人民共和國商務部官方網站（2015）。改變我們的世界－2030 年可持續發展議程。取自：https://sustainabledevelopment.un.org/content/documents/94632030%20Agenda_Revised%20Chinese%20translation.pdf

王定天（2001）。二十世紀環境警示錄。北京：華夏出版社。

王墉（2004）。第 26 屆聖保羅雙年展現場考察。國際視野：美術觀察，11，108-109。

史國祥、賀學良（2008）。會展經濟。天津：南開大學出版社。

朱書剛（2002）。可持續發展倫理價值觀焦點述評，社會科學輯刊，2003(4)，37-41。

呂岱如、林宏璋（2008），同質異聲—2007 雙年展的全球在地化觀察，今藝術，186，76-95。

柏雲昌（2010）。會展展覽產業之發展策略，臺北產經期刊，2，24-31。

郝晨星（2010）。論雙年展的影響與啟示。西江月，201002，42-45

國際大會和會議協會（2018）。*ICCA. Definition of "MICE"*。取自：https://www.iccaworld.org/aeps/aeitem.cfm?aeid=29

張明玲、劉修祥（2009）。全球會議與展覽。新北：揚智。

許文聖（2017）。休閒產業分析：特色觀光產品之論述。新北：華立。

陳斌（2013）。城市發展視角下雙年展的規劃研究。未出版論文，蘇州科技學院。

楊斌（2003）。以國家文化戰略的視角來考量"雙年展"，美術觀察，11，80。

劉淑妍（2010）。公眾參與導向的城市治理：利益相關者分析視角。上海：同濟大學出版社。

滕藤、鄭玉歆（2004）。可持續發展的理念，制度與政策。北京：社會科學文獻出版社。

盧迎華（2010）。開放的雙年展－關於雙年展機制變化的一點思考，東方藝術，23，62-65。

《TTG China》13 March, 2020. https://ttgchina.com/

Alambert Francisco & Canhete Polyana (2004). *As Bienais de São Paulo da era do Museu à era dos curadores (1951-2001)*. São Paulo: Boitempo Editorial.

Art Demystified: Biennials, Explained. Henri Neuendorf, June 2, 2016. https://www.artnetnews.cn/.

Barney, J. B. (2000). Firm resources and sustained competitive advantage. *Advances in Strategic Management*, 17(1), 200-207

Coddington, W. (1993). *Environmental marketing: positive strategies for reaching the green consumer*. New York: McGraw-Hill Companies.

Kim, S. S., Chon, K. & Chung, K. Y. (2003). Convention Industry in South Korea: an economic impact analysis. *Tourism Management*, 2003, 24(5), 533-541.

Lee, M. J. & Back, K. J. (2005). A review of economic value drivers in convention and meeting management research. *International Journal of Contemporary Hospitality Management*, 17(5) 2005, 409-420.

Masha Goncharovae (2020). *Events to Shake, or Gently Rattle, the World in 2021*. https://cn.nytimes.com/opinion/20201218/events-world-2021/dual/

Thorvald Falk, E. & Abraham Pizam (1991). "The United States Meeting Market", *International Journal of Hospitality Management*, Vol. 10, No.2, 111-118.

UNITED NATIONS (1996). *Report Of The United Nations Conference On Human Settlements (Habitat Ii)*, Istanbul, 3-14 June 1996. https://www.un.org/ruleoflaw/wp-content/uploads/2015/10/istanbul-declaration.pdf

文學、電影、理論：
巴西作品《我親愛的甜橙樹》
的初探

Literature, Film and Theory:
a Review of the Brazilian Novel
《Meu Pé de Laranja Lima》

柳嘉信、楊媛潔、司成宇

Eusebio C. Leou, Yuanjie Yang, Chengyu Si

本章提要

　　儘管文學與電影是兩種不同的藝術表達形式，但影像時代呼籲文學與電影的跨界改編合作日益深入。文學與電影各具特點，有著不同的敘事差異。本文以巴西小說家瓦斯康塞洛斯的作品《我親愛的甜橙樹（Meu Pé de Laranja Lima）》為例，初步探討了文學與電影在故事敘事層面的表達差異，包括敘事主題及其表現、敘事視角和敘事細節這幾個方面，以期為促進雙方深度融合創作提供一些有益的思考。

關鍵詞：瓦斯康塞洛斯、我親愛的甜橙樹、文學、電影、敘事

Abstract

Although literature and film are two different forms of artistic expression, the image age calls for the cross-border adaptation cooperation between literature and film to deepen day by day. Literature and films have their own characteristics and different narrative differences. Taking the Brazilian novel "Meu Pé de Laranja Lima" by José Mauro de Vasconcelos as an example, this paper preliminarily discusses the expression differences between literature and film at the narrative level, including narrative theme and its expression, narrative perspective and narrative details, in order to provide some useful thoughts for promoting the deep integration of both sides.

Key Words: José Mauro de Vasconcelos, Meu Pé de Laranja Lima, Literature, Film, Narrative

一、研究背景概述

　　文學，是屬於人文學科的學科分類之一。文學研究首要解決的是文學的概念問題。有學者認為文學指「顯現在話語蘊藉中的審美意識形態」（童慶炳，1992），也有學者認為要認識文學的辦法是「弄清文學中語言的特殊用法」（勒內·韋勒克與奧斯汀·沃倫，1984）。但總的來說，文學是一種審美意識形態的觀點，「是文學理論的一個核心共識亮點」（張法，2005）。文學以不同的形式（即體裁）來表現內心情感，再現一定時期和一定地域的社會生活。在形式上，我們可以將文學視為某種意義上的「語言力量」。

　　登津（1992）將電影定義為「對真實的組裝模擬」，使用術語「構造」，並用文本術語談論電影。這種真實組合的概念，說明了世界表徵的可能性，以及經驗的捕獲和渲染。對於電影來說，人們可以在視覺媒體中找到自己的圖像或他們想要的樣子的圖像（Shahul Hamid & Yaapar, 2020）。也許是在電影或媒體中發現的視覺呈現包含情感力量，而文字層面的交流可能不會在所有情況下喚起。

　　改編是指在原有作品的基礎上，通過改編原作品的部分內容或表現形式，創作出與原作相異的新作品的過程。自 20 年代初以來，電影一直是一種流行的媒介，而互聯網和流媒體的發明則徹底改變了電影和一般的電視，並提供了廣泛的電影和全球電視製作。對文學作品進行電影改編，為文學作品提供了全新的詮釋過程（Yaakup, 2018）。這些新的詮釋源於電影製作人根據對文學作品的閱讀和理解，並將作品以視覺形式進行翻譯介紹。

　　文學作品與電影雖然是兩種截然不同的藝術表達形式，但跨界改編合作現象廣泛存在於小說與電影的創作之中，共同完成故事敘事的篇章（Griggs, 2016）。儘管小說文本與電影作品在時代的探索中發展出了相對適宜的合作道路，但它們自身的特性決定了其在敘事方面仍存在著較為明顯的差異和獨特的藝術魅力。在改編過程中，故事作為一種文本內

容會以不同的載體、不同的形式出現在不同的場合之中。

　　巴西作品《我親愛的甜橙樹（Meu Pé de Laranja Lima）》講述了一個愛與被愛的故事，是巴西作家若澤‧毛羅‧德‧瓦斯康塞洛斯（José Mauro de Vasconcelos, 1920-1984）的自傳性質的兒童小說。瓦斯康塞洛斯自己就是那個淘氣可愛又有著美麗心靈的「澤澤（Zezé）」，「澤澤」其實是瓦斯康塞洛斯的名「若澤（José）」的暱稱。該作品首次出版於 1968 年，迄今已發行全球 13 個國家，售出超過 200 萬冊，並被伯恩斯坦（Max Bernstein, 2013）改編成電影。本文從敘事主題及其表現、敘事視角、敘事細節出發，探討《我親愛的甜橙樹》的文學與電影差異。

二、過往研究梳理

（一）小說與電影敘事視角

　　小說與電影都在敘事學研究的範疇內，由於兩者不同的藝術特性，所以在敘事上也有著不同的特點：小說通過文字所展示的廣闊空間與抽象的描寫使得讀者對書中內容可以展開無邊無垠的想像，每個人都可以對這個故事有自己的理解，勾勒出對於主人公形象的認知；電影由於可以通過聲音和畫面的媒體特性來表現小說中所描繪的內容，將小說予以具象化展示，使書中的故事真實可感地呈現於銀幕之上。在敘事形式中，敘事視角扮演了從小說到電影藝術形式轉化的重要角色。在小說中，創作者基於不同敘事視角去進行敘事而產生的效果是不同的，運用到電影這一媒介上也是如此，它的特質通常是由敘述人稱來決定的。

　　敘述視角又稱敘述聚焦，是指敘述語言中對故事進行觀察與講述的特定角度，同樣一件事從不同的角度去解讀可能就會有不同的結果，在不同的敘述者看來也會有不一樣的解釋。法國結構主義敘事學的代表人物熱內爾‧熱奈特（Gérard Genette, 1990: 129-130）將「視角分為三種基本類型，分別是零聚焦型、內聚焦型與外聚焦型」。零聚焦型即屬上帝

視角，沒有固定的觀察位置，「上帝」般全知全能的敘述者可以從任何角度、任何時空來敘事；內聚焦型即敘述者等於人物，擁有著主人公視角；外聚焦型的敘述者以一種「非人格化」的冷漠態度敘述其「所見所聞」，僅限於描寫可見的行為而不加任何解釋，不介入到故事中任何人物的內心活動中去。當敘事完全由某個單一人物的視角出發時，敘事的可靠性常常為人物的價值觀念和感知方式所左右。內聚焦型敘述者對事件的陳述更富有主觀色彩，從而使敘事的可靠性受到削弱。特別是，當這個人物的感知方式過於「獨特」，將有可能使敘事陷入困惑之中。不同的敘事視角帶來的審美體驗也是不同的。

外聚焦型的敘述者與其人物的關係相當「疏離」，這位敘述者保持著高度的冷靜，十分嚴格地將敘述控制在對人物外在言行的描述上，不但不透露其對人物的評價，甚至沒有興趣去「打聽」人物的來歷，敘述者只管敘述一幕幕由人物的言語和行為構成的場景。從抹除敘述者的痕跡這一點而言，外聚焦型遠較零聚焦型和內聚焦型來得明顯。

劉穎（2021：81）認為「小說由於其較為抽象的藝術特徵可以在語言文字上為讀者留有較大的想像空間，而電影在結合了視聽語言的綜合表達後，過於直白的旁白即『我』的回憶性表述則會較大地破壞觀眾的自主思考能力，在心理預設的前提下被動接受主角在表述中所涉及的故事發展，缺少了觀影應有的主觀探索。」因此，導演選擇外聚焦敘述方式也有利於「留白」，突破第一人稱視角的認知局限和主觀色彩。

（二）文學作品主題及其表現

小說主題即「通過小說的情節、人物形象和環境敘寫所反映出來的思想和情感」（趙輝輝，2010），是小說的靈魂，能夠精準地描繪現實生活，塑造獨特的藝術形象。小說主題的把握主要從三方面入手：一是從小說的情節和人物形象入手，人物形象與故事情節環環相扣；二是聯繫作品的時代背景及典型的環境描寫，認識人物形象的思想性格上所打上的時代烙印，把握住人物形象所折射出的時代特徵，以達到揭示小說主題的目的；三是從小說的精巧構思中把握作品的主題（白靖，

2015）。總之，閱讀者需要根據內容差異選擇合適的切入點來理解小說內涵，鑒賞小說傳遞的思想感情。

（三）電影改編的價值與阻礙

電影改編是一種媒介，可以幫助大眾擁有有效的理解文學作品。電影改編的製作使一部文學作品彷彿被賦予了「生命」。由於電影製作帶來了全新的視聽效果令觀眾更加投入其中，電影形式在給人帶來愉悅的同時也帶領觀眾感受更深層的文學世界。

文學傳播的可持續性至關重要，而電影改編間接的提高了對文學作品感興趣的人數。Azliza Mohd Nor 和 Afifah Vanitha Abdullah（2017）以馬來西亞人民為樣本進行研究發現，文學的電影改編作品可能會進一步引起人們的注意更廣泛的受眾甚至讀者群，從而有助於提高馬來西亞的識字率。

Cartmell（2014）認為，改編電影研究長期以來被視作文學研究的子類型。但對於部分學者來說，電影中對於文學作品的每一個創新都會遭到質疑，因此這些人一直拒絕接受電影改編。Gutiérrez Delgado & García Avis（2018）認為，改編及翻拍必須在新的文化環境中改編一個故事，對編劇來說意味著一個重大挑戰。在改編時，文化特徵必須滲透到敘事的更深層次，也滲透到故事中。同時，故事的重述必須根據概念、前提、體裁、人物和設定等方面的變化，包括這五個類別之間的相關性，具有凝聚力，否則將會破壞新故事的一致性。

（四）文學與電影的融合

文字與電影，一種是文字語言敘事，一種是影像敘事，兩者的要素與審美原則大相徑庭。然而，兩者的藝術本質和精神卻是相通的，都是通過審美達到滋潤和淨化心靈的目的，即通過審美意象符號去創造情境，訴說故事。

對於原著與作者來說，一部電影的成功改編不僅會使觀眾萌發對閱讀原著的熱情，體會文學作品與影視作品的雙重審美差異，同時也會大

大促進原著的閱讀量和銷售額，實現雙贏。文學作品的優勢在於其特定的環境、經典人物形象的塑造、具有想像力與發展空間的文字以及有文化基礎的受眾。但要注意的是，許多文字描述中存在的不太符合道德倫理的內容，如果通過電影影像進行直觀再現的話，會對觀眾乃至整個社會化產生倫理觀念方面的負面影響。

　　因此在對不同地域、不同文化背景乃至不同年齡段的文學作品進行電影改編時，必須要進行內容的取捨和選擇，要以正確的倫理價值與觀念對原作品進行一定程度的倫理審視，在影像轉化過程中以更符合當代倫理道德的思想和時代審美習慣對之加以調整和改進，使電影作品更適應新時代觀眾的精神需要（Hutcheon, 2014）。

　　整體而言，無論學界如何看待文學與電影之間的關係，兩者都在不斷融合發展。電影作為一種視聽語言藝術，直觀通達的具體畫面、悅耳動聽的音樂使其天然成為超越民族屬性的全球化藝術，傳播輻射面更廣，大眾基礎也廣，其社會影響力也更高。Andrew（2011）總結 André Bazin 等學者觀點，認為改編是「藝術史上的既定特徵」。改編作為電影創作的基本手法，自電影發明以來，大量的影片改編自優秀的文學作品。電影能夠從優秀的文學作品中汲取養分，使其更為深刻而達到事半功倍的效果。

三、《我親愛的甜橙樹》小說與電影的差異比較

（一）故事概要

　　《我親愛的甜橙樹》的故事梗概是：頑童澤澤生活在一個貧困的家庭，家裡有父親保羅（Paulo）、母親愛斯特范尼亞（Estefânia）、兩位姐姐冉迪拉（Jandira）和格洛莉亞（Glória）、一兄托托卡（Totoca）、一弟路易士（Luís）、一妹拉拉（Lalá）。父親失業在家，家裡已 8 個月沒有交房租，脾氣暴躁。身為印第安後裔的媽媽從來沒有進過學校，也不識字，去很遠的紡織廠做了工人，經常要上夜班，也不能很好地關心

澤澤。這是一個因物質匱乏而溫情匱乏的家庭。或許不懂得表達溫情，澤澤只能在姐姐冉迪拉（Jandira）與幼弟那裡得到一點點的親情，而且，這種親情的表達形式也往往是暴力性質的。澤澤只能與同他一樣細弱的小甜橙樹明吉尼奧（Minguinho）傾訴，這是他最好的朋友，也是他自我精神的映射。後來，澤澤遇到了老葡（Portuga，本名 Manuel Valadares），先是發生了「扒車」的矛盾，澤澤被老葡揍了一頓，而後兩人卻建立了情同父子的關係。澤澤想選擇老葡當他的父親，和他一起回葡萄牙。作者精確地「摹擬」一個五歲男孩的口吻，記錄了一段溫馨而傷感的生活片斷，表達了溫柔與愛的主題，揭示了「沒有溫柔生活毫無意義」的生活哲理。五歲的澤澤聰明而早熟，他是個天性敏感的男孩，喜歡美國西部電影，喜歡在心裡唱歌，總是在自己的「幻想世界」裡排遣生活中的不如意和委屈，他遇到了一棵「會說話的甜橙樹」，每當挨罰的時候他就去找甜橙樹聊天……直到有一天，他發現了老葡是這個世界上他最喜歡的人。老葡取代了那棵「小甜橙樹」，成為他最想念的傾訴對象。他在老葡身上感受到了溫柔與愛，讓他忽然充滿希望。就在他對美好未來滿懷憧憬之際，造化弄人，先是因為修路要砍掉小甜橙樹，接著老葡突遇車禍去世，澤澤失去了精神寄託。那個幻想世界中的愛，那個現實生活中的愛，都突然地離開了他。澤澤由於同時失去兩位摯友，承受不住打擊就病倒了。爸爸終於找到了一份合適的工作，媽媽也有精力照顧家庭，家人非常擔心病重的澤澤，澤澤終於在家人那裡感覺到了溫情。

（二）主題表達比較

　　小說中主要通過設置懸念、鋪墊、欲揚先抑、對比和諷刺手法等手法來表現主題的。「對比」與「抑揚」的共同特點是有鮮明的反差，作用是塑造人物形象，揭示主旨，增加文章的波瀾。對比有不同事物與同種事物的對比，而抑揚往往是作者對主人公不同情感的比較。

　　小說開篇即設置懸念，以引起讀者的閱讀興趣，即主人公澤澤對於文字的無師自通引發了家人的震驚，這既是一種對作者自小自學識字看

書的真實呼應，也巧妙地構成了一種奇特現象。鋪墊的作用在於為後來某情節做鋪墊，帶入下文。其特點是「顯性」的，鋪墊對起陪襯作用的部分往往大肆渲染，所以鋪墊所使用的筆墨也往往較多，可謂濃墨重彩。小說中前一章和後一章都存在著情節的密切關聯。其中筆墨最多的是澤澤的調皮搗蛋和滿嘴髒話，為他後面遇到老葡的溫柔有愛而發生轉變做鋪墊。欲揚先抑指先貶抑再大力頌揚所描寫的對象，上下文形成反差，更突出所寫對象的特點，是作者對描寫對象的不同情感的比較。

反觀電影主題的表達，忌諱過於直接表露，比如光靠故事中的人物用臺詞將主題說出來，或者直接上字幕寫出創作者想表達的主題，這種過於刻意的點題是達不到良好的影像效果。電影主題的表達，應該自然地存在於故事的進程之中，用關聯情節做載體，令觀眾在投入地欣賞故事的時候不知不覺地領悟和認同。電影表現主題的方式主要有四種。

第一，用高潮動作表達主題。一部電影中的高潮不僅是一部電影情節上最精彩的段落，同時也是人物做出最艱難的抉擇，使出最大力氣的時刻，高潮中人物的行動往往揭示了人物的真相，也暗含了創作者對社會、生命的看法。觀看一部電影，不到高潮戲結束，我們很難能概括出全片的主題可是高潮部分結束之後，我們總是基本能夠領會創作者的意圖。在電影《我親愛的甜橙樹》中，高潮部分是澤澤得知老葡被撞無力而又害怕地往火車站奔跑的場景，當澤澤看到鐵軌上的那輛漂亮汽車的殘存的碎片，暈倒在鐵軌上時，觀眾充分地領會到了整部電影的主題，那就是「沒有溫柔的生活毫無意義」。澤澤失去了他真正的甜橙樹，也失去了他心中的小鳥，更失去了歡樂與和諧，所以他病倒了。電影《我親愛的甜橙樹》深刻的思想性很大程度上是通過高潮戲來表達的。

第二，用對抗力量表達主題。羅伯特‧麥基（Robert McKee, 2014）在《故事：材質、結構、風格和銀幕劇作的原理》中指出，「故事進展是指將故事在故事的正面和負面價值之間動態移動的過程。……正面的思想及負面的對立思想一直在爭論，它們之間的交鋒便創造出一個被戲劇化地表現的辯證論戰。在高潮時，這兩個聲音中的一個勝出，成為故事的主控主題（也即主題）」。《我親愛的甜橙樹》中衝突主要來自於渴望得到關愛與溫柔的澤澤和給澤澤最大愛與溫柔的老葡意外去世，本

質上這是一組得到與失去之間的對抗關係，當澤澤失去了老葡，本片以
失去愛與溫柔為殘忍的代價，清晰地傳達出了「溫柔與愛是一切」的主
題。這種思想的對抗落在情節上，會具體地呈現出人物和人物之間的對
抗，最常見的是呈現為主人公和反派人物的對抗，例如澤澤和爸爸之間
的抗爭。影片為了將這一爸爸的反面角色刻畫得更為生動，還增加了爸
爸搶走澤澤辛苦幫忙賣歌篇的錢，爸爸的高大威猛和兇神惡煞都顯現了
出來。

　　第三，用人物和結尾的轉變來表達主題。影視劇中的人物並非一成
不變，不論是主人公還是次要人物，都有可能隨著情節的發展漸漸改
變，這種人物的轉變往往暗含著主題。《我親愛的甜橙樹》中澤澤曾經
和老葡有過一次對話（Vasconcelos, 2010），這次對話不僅讓老葡無法掩
飾心裡受到的震動，也讓我們觀眾意識到澤澤變得成熟與睿智，澤澤已
經不再天馬行空的想像了，更難得的，他仿佛懂得了什麼是死亡的真
諦。

　　　　「你說什麼，孩子？你要殺死你爸爸？」
　　　　「對，沒錯，我已經開始行動了！不過，我不是要用公鹿瓊斯
　　的左輪手槍『砰』的一聲殺死他，不是這樣，我是要在心裡殺死
　　他。當你停止喜歡一個人，他就會在你心裡慢慢死去。」
　　　　「你這小腦袋瓜還真能想。」
　　　　他嘴上雖然這麼說，卻無法掩飾心裡受到的震動。
　　　　「可是，你以前不是也說要殺死我嗎？」
　　　　「原先我是那麼說過，可那是氣話。我讓你在我心裡先死後
　　生。你是我唯一喜歡的人，老葡，是我唯一的朋友，不是因為你給
　　我買冷飲、點心，送給我明星照片和彈球……我發誓我說的都是實
　　話。」

　　而在結尾中，導演設計「扒車」的高潮一幕後，緊接著是幻想世界
和現實世界的覆滅。當澤澤以為自己終於能收穫幸福的時候，甜橙樹將
要被砍、老葡的意外去世給了他致命的打擊。這一由喜轉悲的結局轉變

深化了主題的內涵。因為美好的失去會令人更加痛苦和清醒，無形之中起到了畫龍點睛的作用。

（三）形象刻畫比較

1. 宗教形象比較

在對文學作品《我親愛的甜橙樹》進行電影改編時，首先有對宗教信仰的倫理彰顯，文學借助宗教典故內容的敘事，增加了自身的文化內涵，擴大了讀者的想像空間。但在影視作品中，宗教信仰也可能意味著一定的受眾阻礙，形成一種文化對抗。其次有對情感關係的倫理過濾。文學中的情感表達非常細膩、複雜、全面，而影像中的情感部分被省略，部分被誇大，使觀眾有著清晰的善惡觀。最後則對暴力敘事的倫理過濾。暴力敘事是指敘事作品對暴力情節、暴力行為的直觀描寫、展現，文學中的暴力敘事比較多見，能夠給讀者帶來強烈的心理刺激與愉悅體驗，但因其是一種間接呈現，哪怕是特別血腥或兇殘的場面，也是依照讀者自身的想像築造的。讀者有充分的自主選擇權，不會讓人難以接受。而《我親愛的甜橙樹》重點是講述童年的故事，所以導演對於暴力的呈現多以一些象徵性的陰影鏡頭來表達，並未進行過度渲染，也沒有追求視覺奇觀，而是盡可能地緩解觀眾的不適感，弱化暴力敘事的負面效應。

2. 人物形象比較

作者把澤澤對老葡的最初印象刻畫成一個名字難聽、愛炫耀漂亮汽車、嚴肅刻板甚至被列為「食人族」一列的特別糟糕的形象，可後來又描述了老葡對澤澤的種種溫柔與善意，比如他開車載澤澤去醫院治療被玻璃渣劃傷的腳踝，帶他去喝冷飲、吃點心，還買有明星照片的糖果。老葡陡然成了他最喜歡的人，也是最溫柔、最有愛的朋友，從而也傳遞出了溫柔的意義。正如文中所強調的「沒有溫柔的生活毫無意義」這一主題。對比主要體現在爸爸的行為變化上，爸爸在失業的時候情緒暴躁並經常打澤澤，而在他找到工作後，他開始對生病弱小的澤澤有了一絲憐憫和溫柔。比如他拉著澤澤的手，當著眾人的面讓澤澤坐在他的膝蓋

上，而且為了避免澤澤頭暈，他把椅子搖得很慢很慢，而且還會用長滿
鬍子的臉蹭澤澤的臉，兩眼淚汪汪地看著澤澤，甚至幾乎跪在地上跟澤
澤說話，可這一切的行為轉變對於失去童趣、突然懂事的澤澤來說，已
然於事無補。另外，小說中對澤澤老師塞西莉亞・派姆小姐（D. Cecília
Pahim）的刻畫也運用了對比手法，即將老師的外表和內心做了對比，老
師的眼睛上有一塊胎記，使得外表有些醜陋，但她心地善良。她是唯一
一位經常在課間給澤澤一毛錢讓他去點心店買夾餡麵包吃的老師。而
且，這位老師經常會誇讚澤澤有一顆美麗的心，懂事而又聰明。這對澤
澤來說是一種莫大的鼓舞。諷刺手法是指對人或事物進行揭露、批判和
嘲笑，加強深刻性和批判性，語言辛辣幽默。其中澤澤與托托卡
（Totoca）的一次對話（Vasconcelos, 2010）就揭露了成人世界的虛偽，
令人深思：

> 「澤澤，他跟你說的話你可不能全信。艾德蒙多伯伯（Tio
> Edmundo）有點兒瘋瘋癲癲的，有點兒愛騙人。」
> 「那他是婊子養的嗎？」
> 「瞧，你就是老說髒話才被打耳光的。艾德蒙多伯伯可不是那
> 樣的人，我只是說他有點兒瘋瘋癲癲的，有點兒不著調。」
> 「你說他騙人。」
> 「這是毫無關係的兩件事兒。」
> 「有關係，就是有關係。那天，爸爸和塞韋里諾（Severino）
> 先生聊天，就是和他一起玩義大利紙牌的那個人，他們說到拉博內
> （Labonne）先生的時候，爸爸說：『那個婊子養的傻得像驢一
> 樣。』可是，誰都沒打他耳光啊！」
> 「大人可以，他們說沒關係。」
> 我們都不說話了。

（四）敘事視角比較

　　小說《我親愛的甜橙樹》不僅在敘事上有著自己獨特的電影化語言，

同時也注意故事的可視性與動作感，而且借助主人公的第一人稱視角展現了豐富的心理活動和心理細節，使內容感人、易於理解而又深刻。讀者在閱讀的過程中彷彿是在靜靜聆聽「我」關於這段歲月的講述，有著較大的想像空間。在小說中，澤澤也直接以「我」的口吻，揭示了社會的殘酷的一面。書中有這樣一段澤澤的話：「聖嬰生在窮人家裡就是為了做做樣子，事實上，他的眼睛裡只有有錢人……」（Vasconcelos, 2010）。學會溫柔，為了真正的溫柔。小說頗具諷刺意味和理論色彩。這一句話也揭示出了溫柔的愛是有條件的，溫柔需要基本的經濟安全。

電影《我親愛的甜橙樹》是一種外聚焦型，外聚焦型敘述者將澤澤的對話、動作、語氣、語調、表情、服飾所聯繫著的深層資訊交由讀者去發現、鑒定。側重用畫面和聲音敘事，減少內心獨白式的語言敘事。就這點而言，外聚焦型敘述是一種戲劇化的敘述，但從中立和客觀的立場來看，也增加了作品的理解難度。在電影中，觀眾在畫面與語言的結合下像是以「老少忘年交」為主線在進行敘事思考，有著更為直觀具體的審美體驗；同時，影片中還以倒敘的手法暗示了這是成年後的澤澤追憶童年的種種，成年後的澤澤既像劇情的主人公，又像潛在的旁觀者，一方面是暗示著小時候的澤澤對現實的無奈和無力，也暗示著在一個貧富差距巨大的發展中國家，底層民眾是備受煎熬的族群，在物質極度匱乏的生活環境之下，沒有起碼的公平，溫柔有如奢侈品一樣難以消費和擁有。如果在觀影之前尚未讀過這本小說，在觀看這部電影的時候可能會覺得有些無厘頭，甚至很難與主人公產生深刻的共鳴。事實上，對於一部影像作品而言，優秀的外聚焦作品並非純粹的「現象記錄」，而是以富有創造性的敘述以盡可能簡約的表層資訊，來傳達盡可能豐富、微妙的深層資訊。

（五）敘事細節比較

小說《我親愛的甜橙樹》裡面的情節更為豐富，展現了形形色色的人物。小說描寫重點在於內向性和主觀化，使得形式上可以不拘一格和相容並蓄。人物塑造上強調性格的多重性，淡化典型性格描寫。對於澤

澤的調皮之處，小說中的描述非常細緻：就在與老葡去釣魚的這一個星期，他點火燒了內加‧歐熱尼亞（Neca Orenia）太太家的籬笆牆、罵科爾德利亞（Gorderia）太太是肥鴨子、踢的布球飛進窗戶打碎了納西薩（Nacisa）太太的大鏡子、用彈弓打碎了三個燈泡、用石頭砸了一下阿貝爾（Abel）先生兒子的頭。因為做紙球沒有及時到飯桌吃飯、說髒話和唱成人情色歌曲，他遭到了姐姐冉迪拉（Jandira）、哥哥托托卡（Totoca）和爸爸保羅（Paulo）暴風驟雨式的「毒打」。對於生活在貧窮家庭的淘氣小子澤澤來說，打罵是家常便飯，以至於他想放棄生命。在常被家人打和被罵作小狗、魔鬼、褐色的賴皮貓、害人精、小畜生、十足的小流氓，在「滿身留下青一塊紫一塊的疤痕」之後，澤澤不想活在世上。他認為自己不應該出生，應該像自己的紙球那樣，被撕得粉碎；這個充滿了想像力有著美麗心靈的男孩，想了整整一個星期，決定晚上躺到「曼加拉迪巴（Mangaratiba）號」火車下面，結束自己的生命。老葡得知後，坐在汽車內等最後一輛火車才走，溫柔的愛拯救了澤澤。從字裡行間來看，並未把爸爸塑造成那麼兇神惡煞的感覺。在書中，聽到失望的孩子大叫「有個窮爸爸真是糟糕透頂」時，爸爸「眼睛瞪得老大老大，好像比平時一下大了許多，大得可以布滿班古（Bangu）電影院的整個銀幕，裡面充滿了悲傷」、充滿了「巨大的悲痛，欲哭無淚的悲痛」（Vasconcelos, 2010），說明那時候的澤澤還是很愛爸爸的，他為了讓爸爸好受點，背著重重的擦鞋箱，到處尋找客人。書中設計了一幕有人覺得澤澤是在騙錢，而有個小女孩和媽媽卻相信他是個好人並給了他錢，澤澤為了證明自己不是騙子，他那麼缺錢的情況下也沒收這筆錢，可見其內心的自尊自重。還有，在接受老師的點心錢時，他還考慮到班上還有更窮的黑人學生，他把老師贈予的東西與她分享，正如老師所言：「澤澤，你有一顆金子般的心。」（Vasconcelos, 2010）在老師的溫暖下，身為小學有史以來年齡最小的學生之一的澤澤與在家人鄰里面前判若兩人：他成了學校的天使，是老師們的小寶貝，從來沒有挨過批評。為了不辜負老師的愛，為了不讓老師對自己感到失望，澤澤表現得很優秀，這是溫柔的力量。在帶弟弟路易士（Luís）去尋找耶誕節禮物時，由於路途遙遠，他祈求格洛里亞（Glória）帶他們去，進行了一番

的心理攻占，格洛里亞實在拗不過，找了一個順路的郵遞員幫忙捎帶他們，可中途郵遞員就把他們扔下了，澤澤艱難地帶著路易士走到了街上卻活動已經取消了，讓人看出了一個勇敢、堅持的澤澤。在班古（Bangu）電影院不小心犯錯而被效仿的誤會也讓人哭笑不得。小說中的澤澤實在是弱小、可憐又可愛，形象栩栩如生又百態。

導演伯恩斯坦在翻拍這部小說時，對於敘事結構和敘事的順序和細節著重體現了自我意識。從電影的敘事細節來說，電影中，澤澤的幾段獨白內容以個人口述方式來進行表達，省去了部分具有戲劇衝突性的畫面表現，失掉了電影結構中的部分衝突性樂趣。比如澤澤擦鞋的複雜故事情節在劇中的表現力很弱，導演沒有將他擦鞋是只為爸爸買煙的這一感動的細節表現出來，以此來彰顯主人公對爸爸的情感轉變過程。不少情節直接被刪除或忽略，比如郵遞員帶澤澤和路易士去找聖誕禮物的插曲，也忽略了澤澤與老葡共同觀影的劇情。但導演有自己的構思，在體現爸爸的冷酷的一面時，導演設計了爸爸搶澤澤的外快的一幕，也增加了「送筆」、「扒車」一幕放在高潮的前一部分。電影中的澤澤曾把「扒車」作為一種勝利和榮耀，由於第一次扒車時的失敗使他覺得他在其他小孩子們的眼中顏面盡失，老葡在得知他想要成為自己的兒子時，不僅把自己的傳家寶——一支金色外殼的鋼筆送給了澤澤，更滿足了澤澤順利扒車的願望。當澤澤踩在漂亮汽車的保險桿上，穿街而過時，其他孩子們紛紛表示讚歎和羨慕。這種極致的精神愉悅迎來的卻是巨大的悲痛。另外，導演在選擇表現澤澤一家的貧窮家境時也特別注意環境細節，比如昏暗的房屋和街道、凌亂而擁擠的房間。聖誕夜，在電力公司斷了家裡的電以後，家裡用的是昏暗的油燈。其中，在談到澤澤特別渴望收到聖誕禮物的時候，給了那隻鞋子大特寫，並將澤澤因羞憤而脫口說出「有個窮爸爸真糟糕」（Vasconcelos, 2010）的面部細節表現的很到位，而澤澤的爸爸同哥哥托托卡卻說說笑笑的走開了，並未看出爸爸有多麼的受到打擊。澤澤的爸爸媽媽被擠壓在狹小局促的空間。澤澤看到的，是「每天晚上回到家臉上布滿疲倦」的媽媽；是「坐在搖椅上，望著牆壁發呆」、「臉上老是鬍子拉碴」、「襯衫也髒兮兮的」的爸爸。片中這幾組畫面表現的很直接、到位，讓觀眾一看就感覺到了家庭的艱

難。因此，小說與電影的細節抓取各有不同，但相對來說，小說的篇幅
會更自如一些，而電影卻需要刪繁就簡，突出人物形象。

四、總　結

《我親愛的甜橙樹》的重要之處不僅僅在於它的文學價值，更在於
它作為底層階級的自傳體小說的史料價值。作為一種現實主義的文學創
作，它反映了巴西的社會現狀，發出了底層階級自己的聲音。在處於拉
丁美洲的巴西，歷史學家曾遇到的最大的困難就是缺乏鄉村和城市下層
階級自己講述的故事。處於下層階級的民眾大多不識字，往往無法記錄
自己的往事；而控制著政府、大學、媒體的上層階級，出於對民眾的恐
懼和蔑視，或者將下層階級民眾的故事從國家歷史中剔除，或者僅僅將
他們作為無足輕重之輩寫入正史。

瓦斯康塞洛斯的自傳體小說，可以被視為一部用文學方式表現和表
達的來自底層階級家庭的口述歷史。《我親愛的甜橙樹》從一個底層階
級兒童的視角，展現了受到階級、種族互動關係擠壓的家庭親子關係，
從而為探討溫柔的愛的經濟條件提供了豐富的素材。

在宏大敘事的正史之外，澤澤描述的 1925 年的經歷，折射了他的家
庭所處時代及其在社會結構中的位置：二十世紀 20 年代中期，居住在巴
西內城區的多子女混血家庭，在男主人失業後陷入底層階級；這個時
期，拉丁美洲進入工業化進程，婦女工資低於男工工資，婦女被工廠廣
泛雇傭，澤澤的母親愛斯特范尼亞（Estefânia）和姐姐冉迪拉（Jandira）
進廠做工，艱難維持家庭的生計；在貧富差距巨大的社會結構裡，家庭
生活陷入捉襟見肘的貧窮窘境。4 年後的 1929 年，他的家庭還將承受世
界經濟危機的衝擊。澤澤家的處境，是巴西作為一個拉美國家的難解之
謎的寫照，「富饒的土地上居住著窮苦的人民」。這是自巴西 1500 年 4
月 22 日由葡萄牙探險家卡布拉爾（Pedro Álvares Cabral）宣布為葡萄牙
屬地以來的長時期殖民歷史遺留下來、並在十九世紀得到加強的體制結
構的結果。

　　小說文本與電影藝術兩種表現形式擁有各自的風格與魅力，雖然電影的敘事視角和敘事細節在改編的過程中某種程度上，與原著所設置的角度、所選取的情節不完全相同，但影視化的改動卻為原著帶來了更加鮮活的色彩與動感，改編者既要有電影化的取捨判斷，更要有對社會文化環境與人文意識的深刻感知，還要處理好文本與視聽相結合的文本關係，努力做到既不失原著風采，又起到錦上添花的妙處。

✑ 參考文獻

Genette, M.（熱拉爾・熱奈特）著；王文融譯（1990）。敘事話語－新敘事話語。北京：中國社會科學出版社。

McKee, M.（羅伯特・麥基）著；周鐵東譯（2014）。故事：材質、結構、風格和銀幕劇作的原理。天津：天津人民出版社。

Vasconcelos, M.（若澤・毛羅・德・瓦斯康塞洛斯）著；蔚玲譯（2010）。我親愛的甜橙樹。北京：人民文學出版社。

Wellek, M.（勒內・韋勒克）和 Warren, M.（奧斯汀・沃倫）著；劉象愚等譯。文學理論。北京：三聯書店。

白靖（2015）。小說鑒賞的內容和方法。時代文學（下半月），7，232。

周菁、齊海英（2021）。電影藝術：中華文化對外傳播之策略。綏化學院學報，2，98-100。

張法（2005）。文學理論與文化研究之爭－對 2004 年一種學術現象的中國症候學研究。天津社會科學，3，108。

童慶炳（1975）。文學理論教程。北京：高等教育出版社。

趙輝輝（2010）。論小說諸要素審美價值的嬗變。武漢理工大學學報（社會科學版），3，375-380。

劉穎（2021）。淺析時代視閾下小說與電影的敘事視角差異－以嚴歌苓的改編作品《芳華》為例。今傳媒，3，79-81。

Andrew, D. (2011). André Bazin. *Oxford Bibliographies Online Datasets*. https://doi.org/10.1093/obo/9780199791286-0006

Cartmell, D. (2014). *A Companion to Literature, Film, and Adaptation (Blackwell Companions to Literature and Culture)* (1st ed.). Wiley-Blackwell.

Film and Representation (2022). *Affordances of Film for Literacy Instruction*, 146-166. https://doi.org/10.4018/978-1-7998-9136-9.ch007

Griggs, Y. (2016). *The Bloomsbury Introduction to Adaptation Studies: Adapting the Canon in Film, TV, Novels and Popular Culture* (Annotated). Bloomsbury Academic.

Gutiérrez Delgado, R. & García Avis, I. (2018). From Manchester to Madrid. Rewriting narrative categories in televisual remakes. Life on Mars in Spain: The case of La chica de ayer. *Poetics*, 70, 28-38. https://doi.org/10.1016/j.poetic.2018.08.001

Hutcheon, L. (2014). *A Theory of Adaptation*. Routledge.

Kiffli, S., Abdillah, N. & Saari, F. A. (2021). Film adaptation as a new medium in understanding literature. *Proceedings of 8th International Conference on Advanced Materials Engineering & Amp; Technology (ICAMET 2020)*. https://doi.org/10.1063/5.0051676

Rombes, N. (2017). *Cinema in the Digital Age* (2nd ed.). WallFlower Press.

Shahul Hamid, M. N. & Yaapar, M. S. (2020). Adaptasi Teks Sejarah kepada Filem: Kajian Bandingan Teks Sejarah Kerajaan Melayu Patani kepada Filem Queens of Langkasuka. *Melayu: Jurnal Antarabangsa Dunia Melayu*, 13(2), 299-318. https://doi.org/10.37052/jm.13(2)no6

TAN, C. (2022). Film Philology: The Value and Significance of Adaptation/Film Studies in Literature. *Kültür Araştırmaları Dergisi*. https://doi.org/10.46250/kulturder.1093056

Yaakup, H. S. (2018). Tombiruo: Adaptasi Novel Ke Filem dan Representasi Kepercayaan Setempat (Tombiruo: Novel to Film Adaptation and Local Representation). *Jurnal Komunikasi, Malaysian Journal of Communication*, 34(2), 323-337. https://doi.org/10.17576/jkmjc-2018-3402-20

Chapter
6

葡萄牙語的世界性發展及葡語教學的優化轉型

Global Expansion of Portuguese Language and the Upgrade Transformation in Its Language Teaching

葛思寧

Lidia Sining Ge

本章提要

　　語言，是溝通的媒介，文明的載體，在政治經濟文化發展中發揮著基礎性作用，因此語言相關的各領域的研究一直備受重視。目前全世界共有九個國家或地區以葡萄牙語為官方語言，並根據這一語言特性，組成了葡萄牙語國家共同體（CPLP）等友好合作論壇。隨著「一帶一路」戰略部署的逐步落實並取得階段性成效，中國與葡語國家之間的合作日益深化，澳門特別行政區的橋樑及紐帶作用也得到凸顯。正由於特殊的歷史淵源，澳門成為中葡文化交融的典範，更是在教育領域被賦予了得天獨厚的優勢。目前在世界範圍內已經形成相對完備的葡語教育體系，中國內地及澳門特區各高等院校也與其他葡語國家和地區展開了長足合作。本文從葡語與葡語世界、澳門文化交融現狀、全球化視角下的葡語教育、葡語教育轉型構想等角度，對葡語的世界性及葡語教育所面臨的機遇和挑戰做出分析探討。

關鍵詞：外語教學、跨文化交際、全球化、葡萄牙語、高等教育

Abstract

　　Research in many language-related topics has always been of tremendous importance since language, as a means of communication and a carrier of civilization, plays a key role in the development of politics, the economy, and culture. Nine nations or areas currently utilize Portuguese as their official language and based on these features, they have established forums for friendship and cooperation like the Community of Portuguese Speaking Countries (CPLP). The collaboration between China and nations that speak Portuguese is expanding as a result of the progressive implementation of the "One Belt, One Road" policy and the accomplishment of milestones, and the importance of the Macao Special Administrative Region as a bridge and connection has been highlighted. Macau has developed into a model of Sino-Portuguese cultural exchange as a result of its unique historical beginnings and is endowed with distinct advantages in the area of education. At present, there is a system of Portuguese language education that is comparatively well-developed worldwide, and there are higher education institutions in Mainland China. Cooperation between China and the Macau Special Administrative Region and other Portuguese-speaking nations and territories dates back a long time. In this essay, we examine and discuss the opportunities and challenges of Portuguese language education from the perspectives of the language and the Portuguese-speaking community, the current situation of cultural intermingling in Macau, Portuguese language education from the perspective of globalization, and the idea of transformation of Portuguese language education.

Key Words: Foreign Language Teaching, Intercultural Communication, Globalization, Portuguese Language, Higher Education

一、引　言

　　獨特的社會文化狀況，多語言和諧共存的現象，使得澳門在尋求多元發展的過程中具備了得天獨厚的優勢。葡萄牙語作為一門歷史悠久的語言，不僅是一個民族的靈魂，更成為了凝聚葡語國家的紐帶，增進了解和溝通的橋樑。教育是經濟繁榮的基礎，影響著文化發展未來，因此葡語教育的重要性不言而喻。隨著中國和葡語國家經貿合作日益密切，國內外形勢加速了中國內地和澳門特別行政區葡萄牙語教育的發展，逐漸形成了如今幾十所高校陸續開設葡語、多個葡語教育聯盟締結的大繁榮局面。然而越是上升期，越需要完善體系、優化結構、合理規劃，才能形成學科優勢，源源不斷地為相關領域輸送多元化、高品質的專業人才。

二、葡語與葡語世界

（一）葡萄牙語的歷史及發展

　　葡萄牙語（簡稱葡語或葡文），是高校招生領域常見的小語種，即非通用語種之一。常見的小語種的分類方式一般有兩種：一種以英文為通用語種，其他語言均為非通用語種；另一種則認為《聯合國憲章》規定的六種正式語文（即阿拉伯文、中文、英文、法文、俄文和西班牙文）以外的其他語言一律歸類為非通用語言。然而葡萄牙語的使用範圍和影響力都非常廣泛，是非常值得重視的一門語言。若依照使用地區分布的標準，目前全世界共有十個主權國家和地區以葡萄牙文為官方語言，涵蓋亞洲、歐洲、非洲、美洲，這也使得葡萄牙語成為分布廣度僅次於英語、西班牙語的世界第三大語言，使用國家數量排名第七。根據最新統計，世界上共有 2.4 億人以葡語為母語或第二語言，其中 2.1 億人以葡語為母語，是母語人口排名第六或第七。值得注意的是，在以葡語

為官方語言的國家和地區之外，仍有相當比例的國家存在大量的葡萄牙語移民。

從語言屬性來看，印歐語系是世界上最為廣泛分布的語系，其下屬語族——義大利語族中的通俗拉丁語在語言進化的過程中衍生出一種現代語族，即羅曼語族，其中包含了葡萄牙語、義大利語、西班牙語、法語、羅馬尼亞語等現代語種。因此掌握其中一種語言的人在學習統一語族其他語言時會比較容易融會貫通。

葡萄牙語的起源要追溯到公元前三世紀。彼時的古羅馬通過進一步的擴張，將其勢力範圍擴大到地中海地區，一同來到伊比利亞半島的還有羅馬定居者所使用的通俗拉丁語，替代了當地的本土語言，這就是普遍認為的葡萄牙語的起源（Piel, 1989）。在經過幾百年的統治後，到五世紀，隨著古羅馬勢力的逐漸衰弱、被認為是野蠻人的日耳曼各個部落開始入侵，伊比利亞地區走向了分裂，從屬於不同民族的統治。而此時當地原本統一的通俗拉丁語也經歷了一系列的演變，融入了其他語言的影響，同屬羅曼語族的語種開始顯現出差別。在此階段原始葡萄牙語開始成形並發展。根據史料，九世紀，夾雜著很多拉丁語表達的原始葡萄牙語已經用於書面文檔。因此十二世紀以前被歸納為原始葡萄牙文（Proto-Portuguese）時期。

1143 年，葡萄牙成為獨立國家，當時的葡萄牙語-加利西亞語（Portuguese-Galician）開始全民普及（Maia, 1997）。1290 年，葡萄牙時任國王迪尼什一世（Dinis I, 1261-1325）規定凡官方文書一律採用葡萄牙文代替拉丁語書寫，確定了葡語優勢地位，同時在里斯本創辦第一所葡萄牙語大學 Estudo Geral。新規極大促進了葡萄牙語及葡語文學的大發展，迪尼什一世本人也因熱愛文學收穫了「詩人國王」的稱號（Sousa, 2022）。十二至十四世紀被認為是古葡語的第一階段，即葡萄牙語-加利西亞語時期。這期間葡萄牙語發展快速，逐步成熟，不僅得到民間普及、官方認可，而且迎來了文學作品爆發期，並擴展到法律領域。加利西亞語在此時與葡萄牙語作為統一的語言單位出現，在後面的發展中逐漸分離為兩個高度相似的語種，目前加利西亞語在加利西亞地區仍廣泛

使用，並和西班牙語一起作為當地的官方語言。因此，也有學者將加利西亞語視為葡萄牙語的一種方言變體。

　　隨後的十四至十六世紀，古葡萄牙語進入發展的第二階段，既是葡萄牙語與加利西語分離，也是葡萄牙語走向世界的階段。如今葡萄牙語有如此廣泛的世界性分布，離不開大航海時代的殖民擴張。隨著人類社會的不斷發展，物質和精神文明的積累都進入了一個全新的階段。原本由於地理、民族和語言壁壘而各自發展的國家逐步建立貿易聯繫，經濟社會發展也刺激了對外探索的急迫需求。由於歐洲通往亞洲陸路交通的封鎖和不便，需求量激增的歐亞貿易受阻，因此以葡萄牙、西班牙為代表的新興帝國開始尋求開闢海上航線，創立航海學校、資助航海探險隊，終於在不斷探索下開啟了地理大發現的時代。在開闢印度航線、建立非洲殖民據點後，此時的葡萄牙、西班牙開始劃分歐洲以外已知世界的勢力範圍，1494 年簽訂的《托德西利亞斯條約》規定，以佛得角群島以西 370 里格的經線為界，分界線東的非洲、亞洲與南美洲東部歸葡萄牙，分界線西的美洲大陸太平洋島嶼及尚未發現的地域歸西班牙。1500年，葡萄牙航海家抵達巴西，此後數百年內葡萄牙人不斷移民至巴西定居，逐步開展殖民活動。航海時代殖民帝國的建立，初步確立了葡萄牙語世界的版圖（Lara, 2000）。

　　在文藝復興時期，1516 年葡萄牙埃武拉作家 Garcia de Resende 編集的宮廷詩歌彙《Cancioneiro Geral》是葡萄牙語發展的里程碑，標誌著古葡語時代的結束，現代葡萄牙語時期的開始。但古葡萄牙語並未就此退出歷史舞台，而是經過演變，作為一種方言廣泛存在於多個葡語國家。

🔸 圖 6-1：《Cancioneiro Geral》第一版首頁

圖片來源：Projeto Vercial, http://alfarrabio.di.uminho.pt/vercial/resende.htm

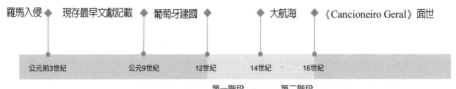

羅馬入侵　　現存最早文獻記載　　葡萄牙建國　　　　　大航海　　《Cancioneiro Geral》面世

公元前3世紀　　　　　公元9世紀　　　12世紀　　14世紀　　16世紀

第一階段　　　　第二階段
葡萄牙語-加利西亞語時期　葡萄牙語-加利西亞語分離

原始萄語階段　　　　　　　　古萄語階段　　　　　　　現代萄語階段

♪ 圖 6-2：葡萄牙語發展時間線

資料來源：作者自行彙整

（二）葡語國家地區及文化社群

　　1822 年 9 月 7 日，巴西在當時的攝政王佩德羅一世（Pedro I）的領導下宣布獨立，最大的殖民地擺脫了葡萄牙的統治。殖民帝國開始鬆動。1885 年的柏林西非會議及隨後與英國對非洲殖民地的爭奪中，葡萄牙擴張在非洲殖民範圍的企圖也被壓制，被迫放棄了部分殖民地。1961 年印度出兵收復果阿地區，葡萄牙失去葡屬印度殖民地。第二次世界大戰結束後，民主思想的傳播掀起了非洲獨立運動的浪潮，當時的歐洲各國也都順應形勢，主動或被迫承認原有殖民地的獨立（Ferreira, 2002）。然而當時的葡萄牙領導人薩拉查建立的獨裁政權極度重視對殖民地的統治和建設，投入大量人力、物力與財力，並希望能借助殖民地來增強國際話語權，因此極力捍衛自己的殖民版圖，堅決抵制非殖民化潮流。葡萄牙政府這一舉動也遭到當時國際社會的排斥和譴責，加上強硬的政治軍事手段加劇了國內外矛盾，引發了 1961-1974 年的殖民地戰爭，並最終在 1974 年 4 月 25 日爆發「康乃馨革命」（又稱四二五革命），建立了民主政體。雖然此時的葡萄牙社會仍然經歷著動盪的過渡時期，但是新政府宣布去殖民化，承認非洲各殖民地的獨立。1972 年印尼占領東帝汶。葡萄牙失去了對東帝汶的統治權。1999 年 12 月 20 日澳門正式回歸，葡萄牙的殖民帝國也徹底土崩瓦解。

　　殖民活動在對殖民地人民壓榨、掠奪的同時，也留下了大量的物質

文化影響，如建築、宗教、語言等。因此原屬於葡萄牙殖民統治的國家和地區在相繼走向獨立後仍保留了葡萄牙語的官方語言地位。由於地域差異，各地區的種族、語言及其他社會歷史狀況多有不同，因此葡萄牙語在本土化的過程中，發展出不同的語言特徵，最終形成了不同的語言系統。目前通常將葡萄牙語分成葡葡、巴葡和非葡。

葡葡，也被稱為歐洲葡萄牙語，通常指的是葡萄牙本土的語言，是由古葡語直接進化來的現代葡語，保留了原本的語言特性和文學作品，因此在某種意義上是標準葡萄牙語。

巴葡，即巴西葡萄牙語，是葡萄牙語傳入巴西後，在普及的過程中融合當地語言及各種移民的母語中的詞彙、語法等元素而演化發展來的葡萄牙語變體，同葡葡一樣有著龐大的使用者和學習者群體。

非葡，即非洲葡萄牙語，是葡萄牙在幾個非洲國家進行殖民統治時使用的語言，在獨立後，各前殖民地國家仍保留葡萄牙語的官方地位。由於是統治者使用的語言，為了便於溝通，某些語法規則會進行相應的簡化。相較於巴葡，非葡更加接近葡葡，葡萄牙語在非洲國家實際上並未得到全民性的普及，時至今日很多教育程度相對低下的人群仍使用本地土語，所以葡萄牙語在當地的傳播和教育並未受到過多的干擾和影響。

1.Lusofonia

Lusofonia，又稱 Mundo Lusófono（Lusófono 為 Lusofonia 的同源形容詞），指的是以葡萄牙語言及文化為核心紐帶而構成的一類社會群體的泛指和概括，也可認為是葡萄牙語世界、葡萄牙語文化圈，其背後是一種語言結社的社會文化現象，類似的還有：

法語文化群體 Francofonia

英語文化群體 Anglofonia

西班牙文文化群體 Hispanofonia

對比這三個詞，我們不難發現，都有一個共同的語言結構「-fonia」，這是一個來自於希臘語 φωνή 的後綴，表示語言、聲音。而前面的「luso-」、「franco-」、「hispano-」則是用來表示國家。Luso 來源於 Lusitânia，中文作「盧西塔尼亞」（或「盧濟塔尼亞」），是羅馬帝

國的一個行省，範圍大概是今日的葡萄牙及西班牙西部的一部分，也就是現在葡萄牙的前身。Lusíadas 則指在這裡生活的人，因此也可以被認為是葡萄牙民族的祖先。葡萄牙歷史上有一部最為重要和優秀的文學作品，名為《Os Lusíadas》（中文譯作《盧濟塔尼亞人之歌》或《葡國魂》），是葡萄牙詩人賈梅士歷時 30 年所作的史詩作品，被譽為葡萄牙的「國家史詩」。Lusofonia 的表達，弱化了國界的區分，強化了語言紐帶的維繫和文化的交融。其本身就具有一定的包容性，不僅包含了葡萄牙語為母語的群體，更可以涵蓋曾經深受葡語文化影響的地區、葡萄牙語移民聚集的區域、甚至是以葡萄牙語為母體延伸出來的語言使用群體（例如澳門土語 Patuá）。因此，使用 Lusofonia 來代指葡萄牙語社群，以 Países lusófonos 或 Mundo lusófono 來代指葡語國家和葡語世界，也代表了葡萄牙語群體的自我文化認同，這一表達本身就具備團結和鼓舞的力量。

在澳門有一個一年一度的文化活動，名為「Festival da Lusofonia」，中文名稱「葡韻嘉年華」。始辦於 1998 年 6 月，如今已經成為一個不同葡語種族展示各自的語言、手工藝、美食、傳統服飾等民族文化特色的平台，同時也對市民及遊客感受、了解葡語世界風情提供了一個視窗。

2.CPLP

目前全世界共有十個國家和地區以葡萄牙語為官方語言，除澳門特別行政區外，其餘均為主權國家，分別是安哥拉、巴西、佛得角、幾內亞比紹、莫桑比克、葡萄牙、聖多美和普林西比和赤道幾內亞和東帝汶 [1]。其中絕大部分都曾經以殖民或其他方式隸屬於葡萄牙統治。在經過多次提議及討論後，終於在 1996 年，以葡萄牙語為官方語言的國家組建了一個友好論壇，並命名為葡萄牙語國家共同體（葡萄牙語Comunidade dos Países de Língua Portuguesa，首字母縮略字：CPLP，簡稱：葡語國家共同體）。共同體的創始成員國共有七個，葡萄牙、巴西、佛得角、聖

---

[1] ESTADOS-MEMBROS. 參閱葡語國家共同體 CPLP 官網，https://www.cplp.org/id-2597.aspx

多美和普林西比、莫桑比克、安哥拉和幾內亞比紹。隨後東帝汶於 2002 年取得獨立後加入。此外，2014 年赤道幾內亞在加入葡語國家共同體並成為正式成員後，也宣布葡萄牙語為官方語言之一[2]。澳門的情況較為特殊，一方面澳門是中國的特別行政區，屬於中國領土，加入共同體體系相對複雜；另一方面，在澳門，葡萄牙語雖作為官方語言，但民間主要使用語言仍以粵語、普通話和英語更為普遍，因此目前澳門仍作為共同體的觀察員。在 2018 年和 2021 年舉行的峰會上，一大批國家被相繼授予觀察員的地位，其中包括了英國、美國、加拿大等發達國家[3]。葡語國家共同體的建立，極大地促進了葡萄牙語為官方語言的國家間的友好合作和往來，也大大增強了葡語世界的內部凝聚力，對葡萄牙語的發展和傳播都發揮了積極作用。此外，共同體經常就國際熱點和關乎民生的話題進行磋商討論，具有廣泛的國際影響力。

3.PALOP

PALOP 是 Países Africanos de Língua Oficial Portuguesa 的縮寫，顧名思義是葡萄牙官方語言的非洲國家組成的合作平台，成員通常是葡萄牙的前殖民地，在獨立後仍採用葡萄牙語作為官方語言。1992 年由安哥拉、佛得角、幾內亞比紹、莫桑比克、聖多美和普林西比五個非洲葡語國家組建了該國際組織，2001 年赤道幾內亞加入後，PALOP 成員國擴展到六個。該組織旨在促進非洲葡萄牙語國家間的互助共贏，開展多邊合作，共同推進科教文化進步，保護共同的語言文化遺產。一方面，葡萄牙語對於非洲國家間的溝通具有重要作用，在母語不同的情況下，葡萄牙語作為一門通用語言，減少了不同社會文化背景的種族之間的交流障礙。因此，PALOP 可以說是葡萄牙語國家建立起語言紐帶的起點，也同諸多的區域性組織一道為後來 CPLP 的成立打下了一定的框架基礎。另一方面，非洲由於歷史原因，語言多種多樣，除了殖民者帶來的歐洲

---

[2] 參閱葡語國家共同體 CPLP 官網。

[3] Cimeira aprova 13 países e organizações como observadores associados. 可參考 RTP 2021 年 7 月 17 日報導。https://www.rtp.pt/noticias/mundo/cimeira-aprova-13-paises-e-organizacoes-como-observadores-associados_n1336199

語言，還有當地的本土語言及文化，因此非洲語言多樣性為葡萄牙語的本土化及演變發展開闢了一個新的空間。在這個空間內，不同民族的傳統文化和諧共存、互相激發新的靈感，也促進了葡萄牙語社群音樂、文學、藝術等文化形式的繁榮和興盛。

4.巴西

巴西，是拉丁美洲最大的國家，領土面積世界第五，人口數量世界第六。擁有世界上最大的熱帶雨林，多種資源位居世界前列。因此，巴西也是目前最被看好的新興國家之一，是金磚國家（BRICS）的首批成員國。1500 年葡萄牙人登陸巴西並開展生產生活後，巴西開始淪為葡萄牙殖民地，曾短暫受荷蘭統治，後又回到葡萄牙殖民者手中。1822 年 9 月 7 日，攝政王佩德羅一世擺脫葡萄牙的控制，宣布獨立，建立了巴西帝國。經過多次政權更迭後，確立了現在的巴西聯邦共和國，簡稱巴西。

一直以來，巴西在眾多的殖民地中都是一個相對特殊的存在。通常宗主國都偏向於將殖民地打造成一個原料產地或加工點，因此導致了當地的經濟體制單一，即使是擺脫殖民統治走向獨立後仍然面臨經濟社會發展的重重阻礙。同時會設置層層的管理機構來實現對殖民地的監管，或者由當地的白人來負責實際管理，自然不會投入過多精力進行建設。然而巴西的特殊性在於其歷史上曾有王室遷入，並一度成為葡萄牙政權的統治中心所在地。1807 年葡萄牙拒不配合拿破崙提出的針對英國的大陸封鎖令，因此遭到了法國和西班牙的聯合攻打，於是次年，當時的葡萄牙女王瑪麗亞一世帶領王室遷往巴西里約熱內盧，並建立臨時首都。為了快速融入當地、緩和原住民和殖民者之間的矛盾，臨時政府廢除以往的限制法令，興建基礎設施，可以說政治重心的遷入使得里約熱內盧當地經濟水平在短時間快速提升。1815 年建立「葡萄牙-巴西-阿爾加維聯合王國」，實際上已經把巴西提到了跟葡萄牙本土相平等的地位。直到 1820 年自由主義者發動革命，重啟國會，葡萄牙王室被迫回到葡萄牙。1822 年，攝政王佩德羅一世宣布巴西獨立，脫離葡萄牙統治，多次武力收復的嘗試均以失敗告終後，葡萄牙不得不承認巴西獨立。

巴西如今的發展勢頭和潛力不容忽視，不僅有賴於其豐富的物產和的得天獨厚的地理位置，也離不開葡萄牙政府在殖民時期對其經濟基礎發展的投入。同時，巴西的國家形象顯示出極大的包容性和多元性。作為重要的移民國家，歐洲、非洲、亞洲等其他地區大量移民的遷入，巴西的民族文化帶有不同種族文化大融合的特徵。

如同英式英語和美式英語的通而不同，巴西葡語和歐洲葡語也在用詞表達、發音方式等方面存在差異。同時，巴西葡語也顯示出極強的個性和地域性特徵。與中國幅員遼闊方言眾多一樣，巴西的葡萄牙語也以地域區分口音。不同的口音對於地區內部具有一定的凝聚作用，而共同的語言－葡萄牙語，也使得區域間，甚至國際間的溝通得以進行，尤其是在當前資訊交流異常發達的時代，互相理解和學習，更是消除了不同語言群體之間交流的障礙。

在學術教育領域，憑藉龐大的人口基數和嚴謹的治學態度，巴西的學術水準在葡語國家一直是具有參考和借鑒價值。大到專業學科的研究、學術成果的分享，小到書面語言規範、教育材料開發，巴西都占有一席之地，對葡萄牙語社群的文化教育有相當的貢獻。

三、澳門的中葡文化交融

（一）澳門歷史與文化交流

走在澳門街頭，可以看到很多令人驚訝的社會現象：白色鵝黃色外牆的西式教堂旁，就是一個古色古香的中式廟宇；高鼻深目的「外國人」卻用一口流利的粵語和朋友交談；街頭巷尾的路牌，不僅寫著葡語的路名，還有一長串的漢字，卻怎麼讀都好像是外文。每一個獨特的景觀都有著深厚的歷史淵源。

澳門自古就是中國領土的一部分，其發展進程受古代及近現代中國社會歷史及葡萄牙對外殖民擴張的歷史進程所影響，因此葡萄牙對澳門的侵占也是循序漸進且錯綜複雜的。其侵占時程大致可以分為四個階段

（鄧開頌，1999）：

1.入據（1514-1572）

大航海時代，海外擴張的野心和新興的航海及造船產業將葡萄牙人帶到了神秘的東方。中國和葡萄牙最初的接觸方式主要是香料貿易。1514 年（明正德九年），歐華利（Jorge Alvares）率隊抵達廣東東莞縣的屯門（如今屬香港境內）並設置居留地，成為首批來華的葡萄牙人。在嘗試使用其他殖民地慣用的暴力手段實施侵略卻遭到中國水師武力驅逐後，葡萄牙人改換策略，以「水濕貢物，願暫借地晾曬[4]」為藉口，並採用賄賂官員的手段，避免衝突，和平談判，終於敲開了進入中國東南之濱的大門。

2.租居（1572-1849）

1571 年，葡萄牙人按照慣例以 500 兩賄賂海道副使，由於廣東布政使在場，只得謊稱是給明朝政府的地租，因此這筆賄賂也被以「租金」的名目上繳國庫，此後便確立了每年 500 兩的正式租約，完善了相關的政策法規，規定中國政府的主權和管制權，也給予葡人一定的自治權。此後的二百多年內葡萄牙人雖然數次試圖擴大對澳門的控制，但均受到到壓制，未能得逞。此期間，澳門一直是中國主權領土的一部分。

3.侵占並擴張（1849-1910）

1840-1842 年的鴉片戰爭是中國歷史的轉捩點。戰敗後中國被迫簽署《南京條約》，中國淪為半殖民地半封建社會，百年屈辱史開啟。覆巢之下無完卵，當時的澳門失去了強大的國家做後盾，葡萄牙侵略者的野心也被釋放（關俊雄，2014）。1849 年，葡萄牙占領關閘，並正式停止向清朝繳納地租，並在數年內相繼占領氹仔及澳門各處，1887 迫使清政

---

[4] 可參見明萬曆年間郭非《廣東通志》卷六九《外志・澳門》：「嘉靖三十二年，舶夷趨濠鏡者，托言舟觸風濤縫裂，水濕貢物，願暫借地晾曬。 海道副使汪柏行徇賄許之，時僅篷累數十間，後工商牟奸利者，始漸運磚瓦木石為屋，若聚落然。自是諸澳俱廢，濠鏡獨為舶藪矣。」

府簽署《中葡和好通商條約》，清政府被迫承認葡萄牙對澳門的「永居管理權」。此時的中國雖然只失去了對澳門的管轄權，但這一不平等條約無疑是給中國的領土完整撕開了一條口子。此後的葡萄牙一再挑釁，透過一系列的政治軍事手段進一步擴大在澳門的勢力範圍。終於在 1910 年攻占路環島之後，完成對澳門全境的占領，徹底實現了對澳門的統治。此後 1928 年更訂的《中葡和好通商條約》並未提及澳門，因此澳門的統治及歸屬問題並未得到解決。

4.回歸（1910-1999）

1949 年新中國成立後，綜合考慮當時的國內外形勢，決定對港澳問題從長計議，並在 1972 年向國際社會聲明對香港和澳門的立場和態度，表示香港、澳門均屬於中國領土而非殖民地，中方將等待合適的時機妥善解決。同年，聯合國將香港和澳門從非殖民化地區的名單中刪除。1974 年「康乃馨革命」爆發後，葡萄牙新政權宣布放棄全部海外殖民地，駐澳葡軍開始撤出澳門，隨後在 1976 年頒布《澳門組織章程》，承認澳門為葡管中國領土，1979 年中葡建交，就澳門問題達成諒解，並簽署《中華人民共和國政府和葡萄牙共和國政府關於澳門問題的聯合聲明》及兩個附件，約定了澳門政權交接的具體時間。1999 年 12 月 20 日，澳門終於回歸（黃啟臣，2000）。

與其他葡萄牙語官方語言的地區不同，澳門的歷史定位一直存在爭議，尤其是對於澳門是否屬於葡萄牙前殖民地，學界一直存在不同的主張。很多葡萄牙人至今仍認為葡萄牙不曾殖民統治過澳門，因為澳門是中國送給葡萄牙的禮物。目前認為澳門（香港同理）不能被定性為殖民地的理由有很多種，其中包括：

1972 年中國在聯合國大會上關於香港澳門問題的立場，堅稱香港和澳門是中國領土，並不承認帝國主義強加給中國的不平等條約，屬於被侵占地或被占領地，因此不屬於「殖民範疇」。聯合國亦贊成中方主張，將香港、澳門從非殖民化地區名單中剔除。

依照海牙國際和會 1899 年制定、1907 年修改的海牙地四公約《陸戰法規及慣例公約》規定「殖民地是完全喪失主權，被占領地只是臨時

失去主權；殖民地主要強調統治形態，對內來說是指立法、行政、司法方面的權力已喪失或基本喪失，對外來說是指完全失去外交權。」從這個意義上看，中國一直未喪失對澳門的主權。

從社會文化角度來分析，即便是葡萄牙統治期間，澳門本地仍以華人社群為主，其語言、習俗內仍保留中華文明傳統價值，未被西方文明取代。

然而，不可否認的是，這一段歷史對澳門的文化發展產生了深遠的影響。由於回歸前統治方式的差異等原因，澳門社會呈現出一種中西文化交融發展、和諧並存的現象，尤其是回歸後，澳門作為特別行政區，保留了葡萄牙語作為官方語言的地位，並對遺留的文化遺產加以保護，使得澳門的社會文化受到了語言學、社會學、人類學、文學藝術等不同領域學者的關注。

澳門的文化交融是多層次的。一方面是歷史原因下以葡萄牙為代表的歐陸文化的侵襲轉變為浸染，使得西方文化在東方落地生根，本土化的同時衍生出新的文化特色，並且天主教的傳入和傳播，不僅在宗教領域激起了水花，更對教育、醫療、慈善、建築以及當地居民生活習慣和思想觀念產生了深遠的影響。另一方面，澳門的地理位置優越，貿易興盛，不僅吸引了東南沿海的中國商人，還有來自四面八方的外國商賈，這一切都促進了澳門文化的多樣性。而亦是出於歷史原因，港澳地區的中華傳統文化保存得相對更好，繁體字的使用、口頭語和書面語中對古漢語的保留、傳統民俗的沿襲都是典型的例子。有根有源，才使得澳門在面對外來文化的時候既能博采眾長，又能保持本心，不會隨波逐流，甚至隨著葡人的腳步傳至歐洲。

（二）澳門社會語言現狀

語言是文化的載體，區域內的文化多樣性必然伴隨多語言並存的現象。澳門社會的語言使用狀況相對複雜，不僅僅是中葡文化交融的影響，更是由於歷史上各國商旅和傳教士來此開展國際貿易和傳教工作，人員流動大，因此澳門境內存在大大小小多個語言群體。

　　澳門社會目前的語言狀況大致可以概括為三文四語，其中三文指的
是中文、英文、葡文；四語是指粵語、普通話、英語、葡語；此外還有
兩字，即繁體字和簡體字（程祥徽，2021）。其中，中文和葡文是《中
華人民共和國澳門特別行政區基本法》規定的官方語言，也是正式語
文。英文作為國際通用語，也在澳門社會中廣泛使用。儘管葡萄牙取得
澳門的統治權後到 1992 年曾規定葡萄牙語作為唯一的官方語言，但仍然
未能取代中文在社會生活中的主體地位。中文一直以來都是澳門地區的
通用語言，表現在口語上就是地域性方言－粵語。根據統計數據[5]，以粵
語為日常用語的人口占比超過八成。隨著普通話的普及，澳門有超過半
數的人口能流利使用普通話，超過三成可以流利使用英語。雖然葡文作
為澳門的正式語文，廣泛出現在公共行政、司法、政府公文等官方場
合，以及標語、公告、道路標牌等社會生活場合，但澳門能流利使用葡
萄牙語的人口僅占 2%左右。實際上，澳門社會語言環境的複雜程度遠高
於此。由於大量東南沿海地區移民的遷入，華人社群中有一部分使用閩
南語、客家話、吳語等方言（張媛媛、張斌華，2016）。此外，還有泰
語、菲律賓語等不同語系的語言在澳門為一小部分人群所使用（閻喜，
2016）。

　　澳門社會文化交融不僅僅體現在多語言和諧共存上，更催生了一個
極具特色的地方語言：土生葡語（英文「Macanese Patois」，葡文「Patuá
macaense」）。土生葡文是澳門土生葡人群體使用的方言[6]，以葡萄牙語
為基礎，融合了粵語、馬來語、英語等語言的詞彙用法，屬於歸融語的
一種[7]。由於未得到官方認可和推廣，土生葡語的傳播十分受限，僅在民
間使用，文學作品也很少，隨著葡語、粵語、英語教育的普及，土生葡
語的使用者越來越少，到 2017 年使用者已不足 50 人，僅有少量學者進

---

[5] 相關數據來源為澳門統計暨普查局 2021 年人口普查及 2016 年中期人口統計。
[6] 土生葡人，通常指的葡萄牙人定居澳門後，在澳門出生的第二代及其後代，包
括葡亞通婚的混血後代。
[7] 歸融語，又稱混成語或混合語（英語：Creole Language 或 Creole），是混合不
同語言詞彙（及文法）的一種語言，通常催生於不同語言人群混居的地區。

行相關領域研究，已被聯合國教科文組織列為瀕危語言（Keegan, 2017）。不可否認的是，土生葡語具有很高的文化價值及社會價值，不僅在十七至十九世紀方便了澳門社會不同種族的溝通交流，更是澳門及葡萄牙帝國相關歷史文化研究的珍貴的史料和切入點。

澳門社會語言的多樣性跟諸多因素有關，包括歷史淵源、地理位置、社會內部分工、人口流動、產業發展等。作為一個語言寶庫，澳門多語現象具有極大的研究價值，為不同學科進行不同角度的研究提供了寶貴的資料。

四、全球化視角下的葡語教育

（一）中國內地葡語教學

1.概述

中國內地的葡萄牙語教育起步於 1960 年，首先是北京廣播學院（現更名中國傳媒大學）開設的葡萄牙語學士學位課程，隨後在 1961 年和1977 年，北京外國語學院（現更名北京外國語大學）和上海外國語學院（現更名上海外國語大學）也相繼開設了葡語本科專業。在此後的數十年內都無其他院校開設葡語專業，一直由以上三所學校培養葡語專業人才，且主要面向為外交或外事領域。在此期間，葡語教育發展相對緩慢，人才輸送量相對平穩。

二十一世紀後，內地的葡萄牙語高等教育進入高速發展階段，開設葡萄牙語本科專業或葡萄牙語選修課程的學校如雨後春筍般大量增加。目前中國內地有 30 餘所高校開設葡萄牙語專業本科課程，包括本科和研究生課程，覆蓋了高等教育的各個階段；此外，提供葡萄牙語課程的學校共計 50 餘所（張雲峰，2020），葡萄牙語以專業必修課、選修課、第二外語等多種形式出現在中國內地高等教育框架內。

教育資源的分布在一定程度上體現了國家對內對外的政治生態。中國內地開設葡語專業院校的井噴式增長主要受到中國與葡語系國家外交

關係加強的影響。「一帶一路」倡議的提出、金磚國家的形成、澳門成為「中國與葡語國家商貿合作服務平台」，隨著中國與葡語國家的政治經濟聯繫的不斷加強，各領域對葡語人才的需求不斷增加，專業人才供需關係日益不平衡，於是各高校紛紛把目光投向葡萄牙語專業，這也階段性地推動了國內葡萄牙語教育的發展。

2.特點

(1)專業教職人員缺乏

葡萄牙語專業在中國內地快速擴張的直接原因是中國和葡語國家各領域合作加強而帶來的人才市場需求激增，然而大學的教職人員資質要求較高，如前文所述，在葡萄牙語教育發展初期，中國內地僅有三所學校設有該專業，且每年人才輸出有限，因此在早期開設葡萄牙語的高校對教職人員的學歷要求普遍是本科，後隨著越來越多的內地高校開設葡萄牙語研究生項目以及海外留學的不斷普及，擁有研究生學歷的葡語人才增多，教職員招聘的學歷要求提高至碩士或博士研究生。然而師資短缺仍然是各高校面臨的棘手的問題。很多高校並沒有葡萄牙語專業在職教師，抑或是開設專業對外招生的同時招聘教師。以大灣區兩所高校為例，北京師範大學珠海分校於 2011 年將葡萄牙語設置為英語專業學生必修科目，全校共約 120 名學生修讀葡語課，然而僅有一名全職教師及一名外教；暨南大學珠海校區在 2016-2018 年設置葡萄牙語專業選修課，但此後即暫停，也是因為沒有全職葡語教師（張雲峰，2020）。

(2)教師年輕化

根據統計數據，中國內地的葡語教師共有百餘人，年齡多在 25-35 歲，整體比較年輕（顏巧容，2017）。其中，很多教師選擇繼續深造，在職攻讀碩士及博士研究生。另外，中國內地葡語熱剛剛掀起的時候，開始葡語專業本科學習的一批年輕人剛好面臨葡語教師招聘要求提高的尷尬期，也就是說學歷提高的速度追不上求職門檻提高的速度，可以說目前仍有一大批儲備人才正在國內外攻讀博士研究生，因此仍將陸續有高學歷的葡語專業年輕教師在獲得學位後走上教學崗位，也進一步促進了教師的年輕化（盧春暉，2018）。

(3)資源分布不均衡

教育資源分布不均衡也是目前中國內地葡語教育中存在的比較大的問題，品質跟不上速度的情況在各個新興領域也都比較普遍。外語教學的主要影響因素包括生源、師資、教學和語言環境（張為民、何紅梅，1997）。首先，各高校的自身情況導致生源和師資存在差異；其次，各高校開設葡萄牙語的時間不同，很多新開設葡語專業的學校缺乏實際課程安排經驗，加上聘請剛畢業的年輕教師，整體教學品質欠佳，需要一定的時間來摸索；此外，外語教學領域常常採取交流交換的形式為學生提供良好的語言環境，強化外語綜合能力。能否提供良好的語言環境，受學校的對外聯絡、對外合作、學生經濟情況等諸多因素的影響。

葡萄牙語教育在中國內地的快速膨脹，是市場驅動的結果，因此在某些方面可能會有一些可改進的空間。但隨著專業經驗的積累和教育體系的逐漸成熟，中國內地高校的葡萄牙語教育教學仍有廣闊的發展空間，未來可期。

（二）澳門特區葡語教學

1.概述

廣義的葡語教育，除了專業的高等教育學位課程外，還可以涵蓋各種專項人才培訓課程。澳門獨特的歷史背景，使得當地的葡語專業人才培養有著得天獨厚的優勢，自然也是先人一步。早在明末清初澳葡政府的華政衙門時代，1627 年當局就有中葡翻譯人員培訓的相關規定；後在1865 年，培訓隊正式成立；1905 年開辦翻譯學校，該學校目前仍在服務社會，成為了澳門理工大學下屬的語言及翻譯高等學校，算來也是歷史悠久。此外，新中國成立後，為解決國家對高級別葡語人才的迫切需求，在上世紀 60 至 90 年代，南光公司積極回應落實中央政府培養葡語翻譯人才的戰略安排，利用澳門良好的語言環境組織六期葡萄牙語培訓班，培養了 70 餘名葡語人才，學員結業後多走上外交崗位，同時對剛在內地開設的葡萄牙語本科課程也是一個有效的補充（張雲峰，2020）。值得一提的是，北京外國語大學葡語專業的開設也得到了澳門

方面的支援。1961 年時任巴西副總統古拉特訪華，在準備接待工作時，偌大的中國竟沒有一個葡語翻譯，後在南光公司的說明下從澳門請到一位中葡翻譯。此事之後，周恩來總理下達指示發展中國的葡語人才培養，在南光公司派出的一名葡語翻譯的協助下，北京外國語學院（現北京外國語大學）的葡語專業正式開辦（鳳凰網，2011）。

真正意義上的葡萄牙語課程依賴於高教機構的產生和發展。澳門的高等教育起步較晚，1981 年首間華人主辦的私立高等學府－東亞大學的成立，是澳門現代高等教育的起點，也是現在的澳門大學、澳門理工大學以及澳門城市大學的前身。此時便已經設置葡語專科課程。改制後的三所大學也先後開設葡萄牙語學士及研究生課程，此外，澳門科技大學、澳門聖若瑟大學也設有葡語相關課程，各高校分別在不同的方向傾斜重點資源、形成了差異化優勢，是現在澳門葡語高等教育的中堅力量。

2.特點

(1)專業化、差異化、精細化

雖然在民間較少使用葡萄牙語作為交際用語，但不可否認的是澳門有極佳的雙語學習環境，對於葡語學習者非常友好。一方面是大部分可查閱的政府公文和官方文件都至少有中文和葡文兩個語種的版本，在閱讀葡文版的時候如果遇到不懂的表達，可以馬上參閱中文版理解；另一方面隨處可見的標語、路牌等也讓學習者走在街道上、乘坐公共交通時都可以實現即時雙語對照，只要留心，就可以大大增加學習效率和效果。

目前隨著中國和葡語國家的商貿往來日益緊密、以巴西為代表的新興市場國家的國際話語權不斷提升，葡萄牙語已經從原本的冷門專業變成了小語種圈的熱門選擇。葡萄牙語專業在澳門一直以來都頗受重視，因此在不斷發展的過程中，各高校結合自身資源和條件，發揮優勢、找準定位，尋求差異化發展，逐漸形成了目前專業化和精細化的行業發展態勢。

澳門大學作為澳門地區的國際化綜合公立大學，課程涉及葡語相關

的各個專業領域,主要是培養綜合性葡語人才、中葡法律人才等;澳門理工大學一直以來都將中葡翻譯作為王牌專業,除了常規的本科碩士博士課程外,還有各種研討會、培訓班、教師進修班等;澳門城市大學除葡語課程外,葡語國家研究院更是目前世界上為數不多的將葡語和國別研究相結合的智庫平台,每年為國際社會輸送大量的跨專業博碩人才。澳門科技大學和聖若瑟大學亦是在葡語課程設置上突出自身資源優勢,強調葡語學科優勢,在澳門的葡語教育體系中發揮重要作用。

(2)教師隊伍多元化

澳門作為一個國際化的地區,教育理念、人才入口均與國際水平對接。相較於內地,除了社會環境外,澳門地區葡萄牙語教育在師資結構上也有所不同。首先澳門高校葡語教師在數量上具有一定優勢,各高校擁有充足的中外專業教師,保障了教學品質和收生數量;其次,葡語專業人才遍布澳門社會的各個領域,且各領域間人才的流動性強,大大提高了教師背景的多元化程度;此外,澳門地區擁有數量龐大的葡籍人士及葡人後裔,在吸引葡語國家人才方面也有一定的吸引力,因此外籍教師在各高校的葡語部門都占有一定的比例,課程品質又多了一重保障。

(3)重視對外合作

澳門的各葡語教育機構一般與其他地區都保持緊密的合作和交流。一方面是面向中國內地,每年都會和內地高校開展合作項目,互相接受學生交換學習;另一方面是面向葡語國家,各澳門高校會與特定的葡語國家合作學校達成學分互認協定,根據各自的學制和課程安排,學生通常都可以在本科期間的某個學年選擇一個葡語國家高校進行交流。此外,在澳門取得學位的畢業生在選擇繼續教育的時候,也會受到葡語國家高校的歡迎。

除了課程上的交流外,澳門地區高校也經常和澳門政府、葡語國家高校、公共部門及團體開展合作。例如中國－葡語國家經貿合作論壇（澳門）在舉辦各種會議、活動時,會邀請澳門高校的學生作為志願者參加活動,一方面開闊視野,了解葡語國家的社會現狀,另一方面為今後走上工作崗位積累經驗。

五、葡語教育轉型構想

（一）新時期葡語教育的機遇和挑戰

　　越是時代大發展的時期，越是機遇和挑戰並存。葡萄牙語教育無論是在內地還是在澳門，都經歷了類似指數發展態勢：從前期的發展緩慢，到後期的爆發式增長，主要是受時代背景的影響：「一帶一路」倡議的提出使得中國和部分葡語國家的發展休戚相關，「金磚國家」的成立也讓中國和巴西合作「親上加親」；另外就是澳門作為中葡合作平台日益得到重視，究其根本，還是全球化的必然趨勢。葡語國家是一個以語言為紐帶的群體，葡語自然是中國與葡語國家的合作基礎，隨著國際往來的不斷深入，合作涉及到社會經濟文化生活的各個方面，崗位與人力適配性的要求也不斷增加，培育葡語綜合人才和專業人才成為了當前教育工作的重中之重。另外，葡語國家的組成相對複雜，既有葡萄牙這樣的發達國家，整個社會相對成熟；又有巴西這樣的新興市場國家，各方面都在進步中，但也要應對一些問題和挑戰；還有莫桑比克、幾內亞比紹等非洲欠發達國家，發展的阻礙比較大，需要一定的支持和幫助。因此對於葡語人才的培養要做到差異化、定向化，才能讓學成後的人才迅速走上合適的工作崗位。

　　新冠疫情的爆發給當代社會重重一擊，經濟生產受到重創、社會生活受到影響，教育行業，尤其是語言教育，要應對師資流動性受限、面授無法正常進行、學生交流計劃被迫擱置等棘手的問題。然而在教育人不斷摸索下，遠距教學成為了解決時空限制的有效手段，網路授課、網上講座，網上答辯等，科技的發展使得以前很多難以實現或多有不便的交流成本更低、更加方便。可以說網路學習的發展是面對挑戰、尋找機遇的一個絕佳的範例。

（二）優化葡語教育相關建議

　　如上文所述，葡語教育在中國內地和澳門的發展都進入了高速模式，隨著院校紛紛加入葡語教育行列，人才輸出量增加，原本葡萄牙語人力稀缺的問題得到緩解，甚至一度出現人力過剩的狀況。但大多數領域對人才的需求都符合金字塔模型的規律，即普通人才市場趨於飽和，但是頂尖人才仍是稀缺資源。葡萄牙語市場目前就是處於這種模式下，大量人才湧入市場，但是類型雷同，水準也參差不齊，原本整體供不應求的格局發生變化，就業市場逐漸分層，高級人才、專業人才仍不可多得，普通人才嚴重撞型，且供過於求，學生畢業後求職困難，紛紛轉到非葡語相關領域。造成這種狀況的原因有很多，但最主要的是擴張速度過快導致品質跟不上速度，缺乏行業整體的配合。為此，我們提出幾點建議，旨在優化葡萄牙語教育行業的資源整合和人才輸出的品質：

　　加強配合，整合資源，找準定位，形成優勢。閉門造車、各自為政都是不可取的，想要達到一個行業的整體發展，必須要強化協同、細化分工，尋求差異化發展的道路，找到最適合自己、最有競爭力的人才培養模式，才是優化整個葡語教育行業人才輸出結構、實現學科優勢升級的良好方案。2021 年正式簽約的「中國葡語教育高校聯盟」由澳門大學、北京外國語大學、里斯本大學牽頭，在彙集行業精英力量、實現中外深度合作、創新人才培育模式、推進教育業全球聯動等方面具有深遠意義。此外，澳門理工學院（今澳門理工大學）、廣東外語外貿大學、香港大學專業進修學院亦於 2020 年簽約成立「大灣區葡語教育聯盟」，在大灣區合作框架下，發揮地緣和政治優勢，同心攜手提升粵港澳三地葡語教育的地域性優勢，打造跨境學術及教學合作示範樣板。

　　以高等教育為中心，提升高校的輻射效能，讓葡語走出大學課堂。目前中國內地的葡語教育主要局限在高等院校，大部分學習者以葡語作為本科期間的學習科目，小部分選擇修讀碩士或博士學位。澳門由於人口和歷史原因，除大學外，一些葡文學校或中葡學校在基礎教育階段已經開授葡語課程，但也相對有限。因此想要發揮學科優勢，可以讓葡語走進澳門的中小學課堂，以選修或興趣班的形式供學生選擇，既可以在

一定程度上實現社會面的推廣，又可以為今後潛在的葡語學習者打下基礎。此外，一些針對特定人士、特定崗位的葡語專項課程也很值得重視，尤其是一些專業較強的、需經常更新知識儲備對接時事的或以葡語為工作語言的領域，如翻譯相關、法務相關、教學相關等。

拓寬國際視野、對接國際水平。無論是「一帶一路」還是「金磚國家」，無論是引進來還是走出去，都離不開高等教育國際化的理念。合作是必然趨勢，共贏是共同目標。新時代的新要求，不僅是求同存異，更要優勢互補。無論是擴大互派留學生規模，還是增強教師的區域性流動，抑或是實現網路教學，打破時間空間限制，其本質是實現優勢力量的靈活調配，優化資源配置，並以先進帶動後進的方式實現全行業、全學科的升級。有些非洲國家高等教育人才缺乏，那麼就可以透過政府間、高校間的合作，輸送教育人才，或授人以漁，幫助其建立健全自己的人才培養機制，最終實現教育能力的本質提升。

優先布局，提前規劃，以長遠的戰略眼光來看待教育工作。十年樹木百年樹人，教育的影響具有基礎性、長期性的特點，其效果需要經過悉心準備和耐心等待，因此教育行業應該具備一定的前瞻性，放眼未來，立足當下，配合國家的政策規劃，合理、高效地安排人才培養計劃，用發展的眼光看待葡語人才的培養。一方面，洞悉社會變化，預測熱點行業，有指向性地提前培養對口人才，不讓工作等人，而非全行業追逐一個新興熱點最終導致人才過剩；另一方面，優化本科教學質量，強化畢業生專業競爭力，盡量避免學歷追著崗位跑的情況，讓學生畢業即上崗，不讓人等工作，既解決了人才堆積的問題，同時也避免了畢業生轉行帶來的人才流失和資源浪費。

重視母語、英語和葡語的學科串聯，強化學生及從業者綜合語言素質。學好外語有一個很容易被忽視但很重要的因素，就是母語的掌握。語言形式不同，但本質是共通的，母語構建了語言和思維的框架，是學習外語的根基。很多人因為對母語的認知缺乏深度，導致在學習外語時理解力受限，從而很難達到精深。此外，很多學生在選擇葡萄牙語等小語種的時候，將精力全部投入該語種的專業學習，忽視了英語的精進，殊不知在實際應用中，英語作為通用語起著重要的橋樑作用，能夠在溝

通受限的時候作為補充，也是國際場合中必須出現的語種。因此僅著眼於小語種的學習而忽視英語，無論是在綜合素質的提升還是工作場景的實踐都是不可取的。

六、結　語

教育是人類文明繁育和發展的根基，語言是人類文化的有效載體，語言教育不僅能創造溝通的工具，更能拉近不同民族的距離。葡萄牙語的演進不僅僅是葡語系國家發展的縮影，更是整個世界格局巨變的一面鏡子。在全球化、國際化潮流勢不可擋的今天，人類命運共同體的構建離不開外語教育的基礎性作用。外語教育是國際關係和對外政策的晴雨錶，深刻反映了國際社會的形勢和中國的對外立場和態度。葡萄牙語教育起步相對較晚，但後期發展發展速度明顯提升，得益於中國與葡語國家日益密切的經貿合作往來，也源自於中國國力的提升和影響力的擴大。作為國家軟實力的一部分，教育承擔著培育後備力量的重任。葡語教育想要取得長足的發展、擴大學科優勢，必須要回顧歷史，立足國情，展望未來，找準定位，在發展的過程中借鑒經驗、吸取教訓，加強行業聯動，優化資源配置，用發展的眼光來審視時代進程，推動葡語教育的優化、轉型和升級。

✐ 參考文獻

張為民、何紅梅（1997）。結合學科需要，加強綜合訓練－澳門大學外語教學特色評介。外語界，1997(3)，59-60。

張媛媛、張斌華（2016）。語言景觀中的澳門多語狀況。語言文字應用，1，45-54。

張雲峰（2020）。粵港澳高等院校葡語教學溯源及發展。澳門理工學報，3，59-66。

程祥徽（2021）。三文四語在澳門和諧相處。語言戰略研究，6(4)，1-1。

黃啟臣（2000）。澳門主權問題的歷史審視（1553-1999）。文化雜誌，40-41，3-14。http://www.icm.gov.mo/rc/viewer/10040/699

鳳凰網（2011/08/27）。北外葡語專業50年慶典暨葡語論壇在澳門舉辦。https://news.ifeng.com/c/7faF6hHTkCC。

鄧開頌（1999）。葡萄牙占領澳門的歷史過程。歷史研究，6，23-35。

盧春暉（2018）。中國內地葡語教學的現狀與未來。引自王成安、張敏、劉金蘭、安春英、趙忠秀等編，葡語國家發展報告（2016-2017）。北京：社會科學文獻出版社，50-63。

閻喜（2016）。澳門多語現象的類型研究。一國兩制研究總，2016 年 10 月第 4 期（總第 30 期），151-162。

顏巧容（2017）。中國內地與澳門特區及葡語國家在葡語專業教育領域的合作。引自王成安、張敏、劉金蘭等編，葡語國家發展報告（2015-2016）。北京：社會科學文獻出版社，45-49。

關俊雄（2014）。關閘意象：作為邊緣空間的歷史考察。文化雜誌，90，31-39。

Piel, J. M. (1989). Origens e estruturação histórica do léxico português. *In Estudos de Linguística Histórica Galego-Portuguesa*. Lisbon: IN-CM. 9-16.

Maia, C. d. A. (1997). *História do galego-português: estado linguístico da Galiza e do noroeste de Portugal desde o século XIII ao século XVI (com referência à situação do galego moderno) (Reprint of the INIC edition 1986)*. Lisbon: Fundação Calouste Gulbenkian.

Sousa, C. T. (2022). A relevância da escrita e a oficialização do uso da língua portuguesa na documentação régia de Portugal no tempo de D. Dinis (1279-1325). *Acta Scientiarum- Education*, 44.

Lara, A. d. S. (2000). *Colonização moderna e descolonização : sumários para o estudo da sua história*. Lisbon: ISCSP.

Ferreira, J. J. B. (2002). *A evolução do conceito estratégico ultramarino português: da conferência de Berlim à descolonização*. Lisbon: Hugin.

Keegan, M. (2017). *Macau's Native Language Is on the Verge of Disappearing*. The Culture Trip. Retrieved from: https://theculturetrip.com/asia/china/articles/macaus-native-language-is-on-the-verge-of-disappearing/